Reihe Hanser 79

**Horst Afheldt, Christian Potyka,
Utz-Peter Reich, Philipp Sonntag,
Carl Friedrich von Weizsäcker**

Durch Kriegsverhütung zum Krieg?

Die politischen Aussagen der
Weizsäcker-Studie »Kriegsfolgen und
Kriegsverhütung«

Carl Hanser Verlag

D1918156

ISBN 3 446 11494 7

Alle Rechte vorbehalten
© 1972 Carl Hanser Verlag,
München
Ausstattung:
Heinz Edelmann
Gesamtherstellung:
Friedrich Pustet,
Regensburg
Printed in Germany

Inhalt

Erster Teil

Durch Kriegsverhütung zum Krieg?

von

Horst Afheldt

Utz-Peter Reich

Philipp Sonntag

Carl Friedrich von Weizsäcker

I. Durch Kriegsverhütung zum Krieg?

THESEN

1. Die Bundesrepublik ist mit konventionellen Waffen nicht zu verteidigen.

2. Der Einsatz nuklearer Waffen in der Absicht der Verteidigung der Bundesrepublik würde zur nuklearen Selbstvernichtung führen.

3. Für die Bundesrepublik gibt es nur eine in sich widerspruchsvolle Abschreckung (Abschreckung durch für beide Seiten unkalkulierbares Risiko).

4. Zwischen den Supermächten gibt es heute eine in ihrer militärischen Logik widerspruchsfreie Abschreckungsstrategie.

5. Die Abschreckung zwischen den Supermächten führt (aber) zum Wettrüsten.

6. Das Wettrüsten führt zur Erhöhung des Kriegsrisikos.

7. Der Versuch, durch Rüsten das Abschreckungsgleichgewicht zu erhalten, lähmt die Supermächte politisch und militärisch.

KONSEQUENZEN

A. Gerade die Fragwürdigkeit des Abschreckungssystems eröffnet der Bundesrepublik einen Spielraum, rüstungspolitische Entscheidungen als Mittel der Außenpolitik einzusetzen.

B. Bei der Beurteilung jeder Politik hat heute der Beitrag zur Schaffung eines politisch gesicherten Weltfriedens die erste Priorität.

1. THESE:
Die Bundesrepublik ist mit konventionellen Waffen nicht zu verteidigen

Verteidigung ist die Anwendung militärischer Mittel, um einen Gegner daran zu hindern, uns seinen Willen mit militärischen Mitteln aufzuzwingen. Abschreckung dagegen ist die Verhinderung der Anwendung militärischer Mittel durch das Androhen eines empfindlichen Übels für den Fall des Einsatzes.[1] Beide Instrumente ergänzen einander. Das klassische Konzept der Verteidigungsbereitschaft sucht den Gegner dadurch vom Angriff abzuschrecken, daß es androht, den Angriff mit militärischen Mitteln abzuschlagen. Dort aber, wo die Fähigkeit zur erfolgreichen Verteidigung fehlt, setzt die Abschreckung im engeren Sinne ein. Man droht dem Gegner mit einem Übel, etwa mit sehr großen Verlusten beim Angriff, mit einem atomaren Gegenschlag oder einem anderen Schaden, der den Vorteil übersteigt, den er sich selbst von einem erfolgreichen Angriff verspricht.

Das Verhältnis von Verteidigung zur Abschreckung hat sich nun durch die Waffenentwicklung verschoben: Früher waren die militärischen Mittel selbst beschränkt. Die von Clausewitz betonte natürliche Überlegenheit, welche bei gleichen beiderseitigen Kräften die Verteidigung gegenüber dem Angriff hatte, ließ ein militärisches und damit auch politisches Gleichgewicht mehrerer verteidigungsbereiter Mächte als natürlichen Zustand erscheinen. Die Steigerung der Angriffswaffen in den beiden Weltkriegen, die Entwicklung der Wasserstoffbombe und der weitreichenden Raketen, hat zwar einerseits im

[1] H. Afheldt, A. Künkel, A. Pfau, E. Rahner, K. Rajewski, U.-P. Reich, H. Roth, Ph. Sonntag, C. F. v. Weizsäcker: »Kriegsfolgen und Kriegsverhütung«. Hrsg. von Carl Friedrich v. Weizsäcker. 3. Aufl. München 1971, S. 290.

Weltbewußtsein zur moralischen Verdammung des Angriffs, zur moralischen Betonung der Verteidigung geführt. Sie hat aber die Verteidigung gegen den vollen Einsatz der verfügbaren Waffen technisch mehr und mehr illusorisch gemacht. Die Wahrung des Gleichgewichts hängt damit nicht mehr an der Verteidigung, sondern an der Abschreckung. Verteidigung ist allenfalls noch gegen absichtlich begrenzt gehaltene Angriffe möglich, und die Garantie der Begrenztheit fällt der Abschreckung zu.

In dieser Situation befindet sich die Bundesrepublik. Wer eine Verteidigung für die Bundesrepublik aufbaut, muß sich deshalb fragen, welche Begrenzungen der Gegner seinem Angriff möglicherweise aufzuerlegen bereit sein wird, falls er überhaupt einen militärischen Angriff führen will. Das hängt einerseits davon ab, welche begrenzten Ziele der Gegner sich stecken mag, andererseits davon, welche Begrenzung der Mittel ihm das Abschreckungssystem aufnötigt.

Die sichtbarste Beschränkung der tatsächlich eingesetzten militärischen Mittel im letzten Vierteljahrhundert war der Verzicht auf den Gebrauch von Atomwaffen. Die Atombombe von Nagasaki im August 1945 war bis heute die letzte Atomwaffe, die im Krieg tatsächlich benutzt worden ist. Es ist deshalb eine sinnvolle Frage, ob die Bundesrepublik in einem Krieg verteidigt werden könnte, der beiderseits ausschließlich mit konventionellen Mitteln geführt würde. Die Antwort unserer ersten These ist, daß sie in einem solchen Krieg nicht verteidigt werden kann. Auch diese Antwort ist aber aufzugliedern je nach der möglichen weitergehenden Beschränkung der gegnerischen Ziele.

Der klassische Angriffsfall wäre der *mit der Absicht der Eroberung* vorgetragene Angriff. Ob diese Absicht bei unseren östlichen Nachbarn eines Tages bestehen wird, wissen wir nicht. Ein solcher Entschluß ist sicherlich auch von der Politik der Bundesrepublik abhängig.

Der klassische Begriff der Verteidigungsbereitschaft bedeutet jedenfalls, daß wir imstande sein müßten, einen Angriff abzuwehren, falls er geführt würde. Zu den materiellen Mitteln, die für einen derartigen Krieg heute zur Verfügung stehen, sagt das »Weißbuch 1970« der Bundesregierung folgendes:

»In den der Bundesrepublik Deutschland vorgelagerten Staaten DDR, Polen und Tschechoslowakei stehen 28 sowjetische und 29 einheimische Divisonen mit insgesamt 855 000 Mann und 13 650 Kampfpanzern bereit; innerhalb kurzer Fristen können sie um 29 Divisonen mit weiteren 6500 Panzern aus dem westlichen Teil der Sowjetunion verstärkt werden. Diesen Kräften liegen im entsprechenden NATO-Bereich (AFCENT, Allied Forces Central Europe, zuzüglich Schleswig-Holstein und Dänemark) insgesamt 26 Divisonen, darunter fünf amerikanische und zwei französische, mit 703 000 Mann und nur 6600 Panzern gegenüber. Zu ihrer Verstärkung im Verteidigungsfall würde die NATO, die neun Einheiten zum großen Teil über den Atlantik heranführen müßte, mehr Zeit benötigen, als der geographisch begünstigte Warschauer Pakt ... Die NATO verfügt ... (in Europa) ... über 2800, der Warschauer Pakt über 4480 taktische Flugzeuge (beide einschließlich Marineflugzeuge). Für die Luftverteidigung hält außerdem die NATO 510, der Warschauer Pakt dagegen 3400 Jagdflugzeuge bereit ... In Mitteleuropa unterhält der Warschauer Pakt wesentlich stärkere konventionelle Streitkräfte als die NATO. Sie sind weit stärker, als dies für die Abwehr eines Angriffs aus dem Westen nötig oder für die Aufrechterhaltung der sowjetischen Vorherrschaft erforderlich wäre. Die Existenz solch riesiger Streitkräfte darf nicht als Bluff behandelt oder betrachtet werden. Zudem erhöhen die Sowjetunion und ihre Verbündeten – anders als der Westen – ihre Verteidigungsanstrengungen von Jahr zu Jahr weiter. Es gibt kein konventionelles Gleichgewicht in Zentraleuropa. ... Eine großangelegte Aggression gegen Westeuropa, die auf Vernichtung oder Annexion der Bundesrepublik und ihrer Nachbarländer abzielt, liegt zwar nicht außerhalb der militärischen Möglichkeiten des Warschauer Pakts. Sie würde jedoch dic vorbedachte Eskalation der NATO auslösen und, wenn der Gegner sein

Vorhaben fortsetzte, leicht in den nuklearen Weltkrieg führen, den auch ein Angreifer nicht ohne unannehmbare Schädigung seiner nationalen Substanz zu überleben vermöchte. Eine *großangelegte Aggression* gegen Westeuropa ist daher z. Z. wenig wahrscheinlich.«[2]

Diese neueste offizielle Feststellung der Bundesregierung bestätigt: »Es gibt kein konventionelles Gleichgewicht in Europa.« Sie begründet die Unwahrscheinlichkeit einer großangelegten Aggression gegen Westeuropa mit der nuklearen Abschreckung, der wir uns in der 2. These zuwenden werden. Sie betrachtet daneben auch andere, begrenztere Bedrohungen:

»Eine *begrenzte Aggression* gegen Teile des NATO-Gebietes, bei der der Gegner nur Faustpfänder in seinen Besitz bringt ... wäre dem Warschauer Pakt mit seinem militärischen Potential ebenfalls möglich. Aber in der heutigen politischen Situation erscheint ein solches Vorgehen wenig wahrscheinlich ... Konstant bleibt indessen die *Möglichkeit der politischen Pression,* die ausdrücklich oder stillschweigend mit militärischen Mitteln gestützt wird.«[3]

Also auch gegen eine Aggression mit begrenzten territorialen Zielen (etwa die gelegentlich diskutierte »Wegnahme von Wolfsburg«) besitzen wir keine wirksame Verteidigung. Am deutlichsten ist diese Verwundbarkeit, wie das »Weißbuch« mit Recht hervorhebt, in West-Berlin. West-Berlin ist weder gegen einen militärischen Angriff noch gegen eine Abschnürungsaktion zu verteidigen. Das Weißbuch stellt fest:

»Solange jedoch die drei Westmächte Truppen in Berlin stationiert haben und die Sowjetführung überzeugt ist, daß seine Integrität im vitalen Interesse der drei Mächte liegt, ist eine militärische Aktion gegen Berlin oder die Abschnürung seiner Verbindungswege zum Westen unwahrscheinlich.«[4]

2 »Weißbuch 1970. Zur Sicherheit der Bundesrepublik Deutschland und zur Lage der Bundeswehr«, S. 17–20 ff., 20–26.
3 »Weißbuch 1970«, S. 20 ff., 27–28.
4 »Weißbuch 1970«, S. 21 ff., 29.

Das Weißbuch faßt die gegenwärtige Lage zusammen in die Sätze:

»Die Schmälerung ihrer politischen Entscheidungsfreiheit durch Druck oder Drohungen ist die eigentliche Gefahr, die der Bundesrepublik und ihren Bündnispartnern drohen können. Die Gefahr eines militärischen Angriffs ist demgegenüber zur Zeit gering. Keine Aktion der sowjetischen Führung in den vergangenen Jahren deutet auf die Absicht hin, militärisch gegen Westeuropa vorzugehen. Aber die Absichten könnten sich ändern, wenn die gegenwärtige obwaltende vorsichtige Einschätzung des Risikos einer unbedachten, bedenkenlosen Beurteilung weichen sollte – oder wenn das Gleichgewicht aufgehoben würde.«[5]

Das Gleichgewicht, von dem hier die Rede ist, ist das strategische Gesamtgleichgewicht der beiden Bündnissysteme, das auf den Kernwaffen beruht, denn es gibt ja kein konventionelles Gleichgewicht in Europa. Ehe wir uns der Analyse dieses Gleichgewichts zuwenden, stellen wir noch zwei zueinander komplementäre Fragen, die sich auf unsere konventionelle Rüstung beziehen:

1. Warum rüsten wir nicht konventionell bis zu dem Niveau auf, das zur Verteidigung ausreicht?
2. Warum haben wir überhaupt eine konventionelle Rüstung, wenn diese doch zur Verteidigung nicht ausreichend und zur Abschreckung vielleicht nicht nötig ist?

1. Technisch müßte den Westeuropäern eine zur Verteidigung gegen die konventionellen Streitkräfte des Warschauer Pakts ausreichende konventionelle Rüstung möglich sein. Die europäischen NATO-Länder sind an Bevölkerungszahl der Sowjetunion, an industrieller Kapazität den gesamten Staaten des Warschauer Pakts überlegen. Zudem braucht eine rein defensive konventionelle Rüstung derjenigen des potentiellen Angreifers an Umfang nicht gleichzukommen.

[5] »Weißbuch 1970«, S. 21 ff., 29.

So hat man in den späten vierziger Jahren einen entsprechenden Aufbau konventioneller Streitkräfte im westlichen Teil Europas immer wieder gefordert, aber ohne Erfolg. Der Grund dafür lag einmal in den extrem hohen Kosten eines solchen Aufbaues. In den fünfziger Jahren kam hinzu, daß derart hohe Aufwendungen nicht notwendig zu sein schienen. Denn nach der herrschenden Doktrin der massiven Vergeltung sollte der Gegner von jedem konventionellen Übergriff durch die Drohung eines atomaren Schlages abgeschreckt werden.

Die Doktrin der massiven Vergeltung wurde in Amerika seit dem Beginn der sechziger Jahre mehr und mehr verlassen. Die offizielle NATO-Strategie ist seit 1967 die der flexiblen Reaktion, welche der gegnerischen Aggression mit Waffen der gleichen Ebene entgegenzutreten sucht. Logischerweise hätte dieser Gedanke nun die Errichtung einer zur Verteidigung ausreichenden konventionellen Streitkraft erfordert. Da aber allen Planern klar war, daß dies politisch nicht durchsetzbar sein würde, verband man den Gedanken der Reaktion auf gleicher Ebene mit dem andersartigen Gedanken der Abschrekkung durch die Drohung einer Eskalation zu einer höheren Ebene.

Wer die Probleme dieser Strategie sieht, kann in der Tat zu der Frage veranlaßt werden, ob es nicht auch heute noch besser wäre, eine zur Verteidigung fähige konventionelle Streitmacht aufzubauen. Doch sind es keinesfalls ausschließlich Kostengründe, die gegen einen solchen Aufbau sprechen: Der Versuch Westeuropas, in der konventionellen Rüstung mit dem Warschauer Pakt gleichzuziehen, wäre unseres Erachtens ein Nachgeben gegenüber der Versuchung des Rüstungswettlaufs an einer besonders teuren und schon darum gefährlichen Stelle. Wir werden uns in den folgenden Thesen die Lähmung und Gefährdung der Supermächte durch ihr Gefangensein im Rüstungswettlauf vor Augen stellen müssen. Es war wirtschaftlich, aber auch politisch, eine glückliche Situation Westeuropas und – noch mehr – Japans, an diesem Wettlauf weniger oder nicht beteiligt zu sein. Nicht nur würde die erhebliche Steigerung unserer Verteidigungshaushalte, die dazu nötig wäre, unsere wirtschaftliche und soziale Entwicklung schwer belasten.[6] Auch die Schaffung der politischen Atmosphäre der Aggressionsfurcht, die erforderlich wäre, um diese Ausgaben durchzusetzen, würde voraussichtlich zu politischen Verhaltensweisen führen, die uns wegen ihrer Starrheit leicht stärker gefährden könnten als die zu schaffende Rüstung im Wettlauf der technischen Neuerungen uns schließlich schützte. Denn daß auch die exzessivste konventionelle Rüstung in Europa nur einen begrenzten Verteidigungswert hat, ist evident. Eine Verteidigung mit konventionellen Mitteln gegen eine invasionswillige Supermacht kann überhaupt nur als »mögliche Verteidigung« diskutiert werden, wenn man aus den *Kapazitäten* der gegnerischen Supermacht alle nuklearen Kampfmittel ausblendet. Dieses Verfahren kann zwar als erster Schritt einer Analyse sinnvoll sein. Spätestens in dem Moment, in dem man als Verteidigungsmittel auf der eigenen Seite *gleichwertige* konventionelle Streitkräfte aufgebaut hat, hängt der Ausgang eines Konfliktes in der Realität aber davon ab, daß die gegnerische Supermacht einen Teil ihrer Kapazität, die nu-

[6] So auch Woller, S. 129/130.
Das Streben nach dem konventionellen Gleichgewicht – also der Versuch, so viele, mit herkömmlichen Waffen ausgerüstete Streitkräfte bereitzustellen, daß man einen feindlichen Angriff auf breiter Front aufhalten und zurückwerfen könnte – wäre der törichteste Verstoß gegen die Regeln der Sicherheitspolitik unter den gegenwärtigen historischen Bedingungen Europas.
Erstens kann der Versuch nicht gelingen, weil eine gleichwertige und gleichstarke westliche Streitmacht von hoher Präsenz auf jeden Fall die wirtschaftlichen Möglichkeiten unserer Länder übersteigen müßte.
Es hieße unsere Volkswirtschaft als Existenzbasen unserer Völker, die im Kriege vor Vernichtung bewahrt werden sollen, bereits im Frieden zu ruinieren.

klearen Kapazitäten, nicht einsetzt. Diese wären, wie hier ohne weitere Begründungen angenommen werden soll, gegenüber rein konventionellen Streitkräften auf dem europäischen Kriegsschauplatz entscheidend. Ein Verzicht auf ihren Einsatz ist nun zwar nicht auszuschließen. Ein solcher Verzicht wäre aber ein Akt des Willens des Gegners, nicht jedoch eine durch die extreme konventionelle Verteidigung erzwungene Handlung. Wieder stünde man vor der Frage, inwieweit eine solche Begrenzung durch Abschreckung gesichert werden kann. Grundlage der Sicherheit wäre also auch nach dem Aufbau konventioneller Verteidigungsmittel die Abschreckung. Schließlich würde gerade die scheinbare Möglichkeit konventioneller Verteidigung ein weites Feld unterhalb der »Atomschwelle« für militärische Auseinandersetzungen neu eröffnen, den Krieg in Mitteleuropa jedenfalls für die Supermächte somit wieder zu einem denkbaren Mittel der Politik machen.

Etwas anderes ist es, die Möglichkeiten der modernen Technik zur Entwicklung von Waffen auszunutzen, die lediglich defensiv verwendet werden können und die in dieser Verwendung effektiv sind. Solche Techniken können zu einer politischen Entspannung beitragen, wenn sie an die Stelle auch offensiv verwendbarer Waffen gesetzt werden. Doch erscheint es uns unwahrscheinlich, daß sie das gesamte Rüstungssystem revolutionieren werden, und unsere weiteren Überlegungen führen überhaupt nicht zu der Meinung, das Problem der Kriegsverhütung sei von der Waffentechnik her zu lösen. Bei der Entwicklung rein defensiver Waffensysteme kann es sich daher nur um die technische Unterstützung einer politisch fundierten Friedensordnung handeln.

2. Die komplementäre Frage, warum wir überhaupt konventionell rüsten, wenn diese Rüstung doch zur Verteidigung auch im Sinne der flexiblen Reaktionen nicht ausreicht, welchen Anlaß wir insbesondere haben, unsere

konventionelle Rüstung eher auf dem jetzigen als auf einem beliebigen anderen Niveau zu fixieren, kann erst mit der Analyse des Abschreckungssystems beantwortet werden. Denn auch die unvollkommene konventionelle Rüstung findet im Konzept der flexiblen Reaktion ihren Stellenwert als Abschreckungsfaktor.

Eine ganz andere Frage ist es, ob in der Zukunft neben oder anstelle der nuklearen und der klassischen konventionellen Rüstung Guerillakampf und zivile (= gewaltlose) Verteidigung reale Mittel der Konfliktaustragung sein werden. Unsere Studie hat diese Frage nur genannt, aber nicht ausführlich erörtert.[7]

2. THESE:
Der Einsatz nuklearer Waffen in der Absicht der Verteidigung der Bundesrepublik würde zur nuklearen Selbstvernichtung führen

Das Wort »Selbstmord« wird heute im Zusammenhang mit einem möglichen Einsatz von Atomwaffen oft voreilig gebraucht. So spricht man von einem atomaren Weltkrieg als dem Selbstmord der Menschheit. Tatsächlich wäre ein großer Atomkrieg nach unserer heutigen Kenntnis nicht notwendig Selbstmord der Menschheit, sondern zunächst einmal ein Selbstmord der heutigen Supermächte und ihrer europäischen Verbündeten. Die Gefahr, daß er eines Tages begonnen wird, beruht darauf, daß technische Entwicklungen denkbar sind, die ihn für die Supermacht, die ihn beginnt, nicht länger als Selbstmord erscheinen lassen (vgl. die 6. These).

Vor dem Hintergrund dieses Wissens sagen wir, daß für

[7] Vgl. S. 63/64.

die Bundesrepublik in ihrer besonderen geographischen und politischen Lage nicht erst der große atomare Weltkrieg, sondern schon die Verwirklichung der atomaren Drohung, auf die wir die heutige Strategie zum Schutz unseres eigenen Territoriums stützen, den atomaren Selbstmord bedeuten würde.

Die Rechnungen, die das technisch beweisen, füllten die erste Hälfte unserer Studie.[8] Eine Zusammenfassung ihrer Methoden und Ergebnisse gibt der nachfolgende Artikel »Folgen eines Atomkrieges in der BRD«.[9] Hier beschränken wir uns auf einige erläuternde Bemerkungen zum strategischen Aspekt, die uns den Übergang zu den folgenden Thesen ermöglichen werden.

Unser Land ist klein. Zugleich ist es der natürliche Schauplatz für einen Bewegungskrieg zwischen NATO und Warschauer Pakt, vorausgesetzt ein solcher Krieg bräche aus irgend einem Anlaß aus. Krieg erzieht nicht zur Schonung, und auf den Wunsch, gerade die Deutschen und das deutsche Wirtschaftspotential zu schonen, wird man sich in einem einmal ausgebrochenen Krieg nicht verlassen können. Die Mittel zur Vernichtung unseres Landes stehen bereit. Nicht nur die vielzitierten 700 Mittelstreckenraketen östlich unserer Grenze reichten dazu aus, ebenso ausreichend wäre der Einsatz eines Bruchteils der Gefechtsfeldwaffen unserer Verbündeten und unserer Gegner in einem Bewegungskrieg, der einige Zeit in unserem Lande hin- und herginge.

Gegen diese Überlegungen kann man einwenden und hat man eingewandt, man müsse bei den Annahmen über die Anzahl der Waffen, die zum Einsatz kommen, nicht von den Kapazitäten, sondern von den Intentionen ausgehen. Das »Weißbuch 1970« betont – und zwar mit Recht – die Notwendigkeit äußerster Zurückhaltung im Einsatz

[8] »Kriegsfolgen und Kriegsverhütung«, S. 75 ff.
[9] Vgl. S. 96

nuklearer Waffen. Aber dieser Vorsatz kollidiert mit dem Auftrag der Verteidigung. Wenn man gewillt ist, zum Zweck der Verteidigung der Bundesrepublik Atomwaffen einzusetzen, hängt das Maß, in dem man sie einsetzt, von der Stärke des gegnerischen Angriffs ab und nicht von selbstgewählten Einschränkungen. Es ist unwahrscheinlich, daß der Gegner gerade nur so viel seines Angriffspotentials mobilisiert, wie die Bundesrepublik überleben kann. Die Drohung mit dem rücksichtslosen atomaren Einsatz dient nicht der Verteidigung, sondern der Abschreckung, d. h. wir fallen auf die Frage zurück, ob das Abschreckungssystem hinreichend zuverlässig ist, um zu verhindern, daß der bewaffnete Konflikt überhaupt beginnt.

3. THESE:
Für die Bundesrepublik gibt es nur eine in sich widerspruchsvolle Abschreckung (Abschreckung durch für beide Seiten unkalkulierbares Risiko)

Unser Widerspruch gegen die Meinung, man könne sich mit der heutigen Abschreckungssituation beruhigen, beruht auf dieser These zur Lage unseres eigenen Landes. Wir werden unter der 4. These die Logik des Abschreckungssystems zwischen den Supermächten darstellen. Die dann folgenden Thesen werden die Probleme erörtern, in welche die Supermächte durch dieses Abschreckungssystem geführt werden. Zu diesen Problemen gehört die politische und militärische Lähmung der Supermächte durch das Abschreckungssystem (7. These). Ein Aspekt dieser Lähmung ist die Unfähigkeit, eingegangene militärische Verpflichtungen in einer widerspruchsfrei garantierten Weise einzulösen. Das uns am nächsten angehende Beispiel dafür ist der innere Widerspruch in der Abschreckungsstrategie der NATO. Diesen Widerspruch schildern wir in der gegenwärtigen These vor dem Hintergrund der schon dargestellten Unmöglichkeiten einer Verteidigung, die unser Land nicht zerstört.

In der Darstellung der NATO-Strategie folgen wir wiederum dem »Weißbuch 1970«, obwohl wir uns den Konsequenzen des »Weißbuchs« in diesem Falle nicht anschließen können.

Das »Weißbuch« schreibt:

»Die Entwicklung fand ihren Abschluß im Jahre 1967 mit der Festlegung des neuen strategischen Konzepts der flexiblen Reaktion.

Dieses Konzept gibt, sofern die erforderlichen Streitkräfte zeitgerecht, einsatzbereit, ausreichend und richtig disloziert zur Verfügung stehen, den Alliierten die Möglichkeit, in einer Krise oder im Falle eines Angriffs bemessen und angemessen zu reagieren. Mit dieser Doktrin sind Begriffe wie kontrollierte Eskalation und Vorneverteidigung untrennbar verbunden. Laut NATO-Definition beruht sie auf zwei Grundsätzen:

Der erste Grundsatz besteht darin, jeder Aggression durch eine direkte Verteidigung auf etwa der gleichen Ebene entgegenzutreten, und der zweite darin, durch die Möglichkeit der Eskalation abschreckend zu wirken. Es ist das wesentliche Merkmal der neuen Strategie, daß ein Angreifer davon überzeugt sein muß, die NATO werde erforderlichenfalls Kernwaffen einsetzen, jedoch muß er gleichzeitig hinsichtlich des Zeitpunktes und der Umstände dieses Einsatzes im Ungewissen bleiben.

Die Abschreckung wirkt bei dieser Strategie auf drei Ebenen: der strategischen, der taktisch-nuklearen, der konventionellen.

Die strategische Abschreckung verbürgen das Kernwaffenarsenal der Vereinigten Staaten und die darauf beruhende gesicherte Vernichtungskraft (assured destruction capability) ...

Auf der taktisch-nuklearen Ebene bleibt die Abschreckung gleichfalls verbürgt, solange auch der Westen in Europa über nukleare Waffen für den taktischen Einsatz verfügt. Darin liegt eine Entmutigung ihrer Anwendung durch den Osten. Außerdem wirkt die Drohung der Eskalation auf die strategische Ebene auch hier abschreckend; die enge Verflechtung des taktisch-nuklearen Potentials mit den strategischen Kräften der USA macht diese Drohung glaubwürdig.

Im konventionellen Bereich ist die Abschreckung kleinerer Übergriffe durch ein präsentes Kampfpotential der NATO zu Lande, zu Wasser und in der Luft gegeben. Der Bereitschaftsstand der NATO und ihre Fähigkeit zur Verstärkung, Entfaltung und Mobilmachung im Spannungsfall bilden die Grundlage. Die rechtzeitige Mobilisierung von Reserven und die Überführung von Streitkräften in ihre Operationsgebiete ist dabei von großer Bedeutung. Dies würde im gegebenen Fall ein frühzeitiges Tätigwerden der Regierungen verlangen, denn die Möglichkeiten der Verteidigung wären stark eingeengt, wenn Mobilisierungsmaßnahmen nicht rechtzeitig oder nicht in ausreichendem Umfang getroffen würden ...

Es kommt dabei entscheidend darauf an, daß in Westeuropa konventionelle Streitkräfte in einem Umfang aufrechterhalten werden, die der NATO die Möglichkeit belassen, auf alles außer einen vorsätzlichen Großangriff anders als nuklear zu reagieren: und die, wenn ein Angriff dieses Maßstabes erfolgen sollte, Zeit lassen für Verhandlungen über eine Beendigung des Konflikts und für Konsultationen unter den Verbündeten über den Ersteinsatz von Kernwaffen, falls die Verhandlungen fehlschlagen sollten. Im Augenblick reicht der Umfang der konventionellen Streitkräfte für diesen Zweck gerade aus.

Strategische Grundprinzipien. Die neue Strategie der NATO beruht auf drei Prinzipien: Verhältnismäßigkeit der Mittel, Hinlänglichkeit der Kräfte, Begrenztheit der Ziele. Die Strategie der flexiblen Reaktion kennt keinen militärischen Automatismus. Sie beläßt der politischen Führung die Möglichkeit, nach dem Prinzip der Verhältnismäßigkeit der Mittel alle von ihr für notwendig erachteten Maßnahmen zu ergreifen. Sie schreckt ab, ohne für den Fall des Versagens der Abschreckung die Verteidigung unglaubwürdig zu machen.«[10]

Wir leugnen nicht, daß die Absicht der Abschreckung in diesen Darlegungen richtig wiedergegeben ist, und daß

[10] »Weißbuch 1970«, S. 27–29, Ziff. 42–46.

die technischen Mittel, die dafür eingesetzt werden sollen, in aller Knappheit richtig beschrieben sind. Ebensowenig leugnen wir, daß die Kriegsgefahr in Europa im jetzigen Augenblick nicht groß ist (vgl. unsere Zitate aus dem »Weißbuch« unter der 1. These). Wir leugnen aber den engen Zusammenhang zwischen der NATO-Strategie und der Kleinheit der Kriegsgefahr. Und wir meinen, daß die Darstellung des »Weißbuches« die inneren Widersprüche dieser Strategie nicht zum Ausdruck bringt.

Halten wir uns an die zwei Grundsätze der NATO-Definition: 1. direkte Verteidigung auf gleicher Ebene und 2. Abschreckung durch die Möglichkeit der Eskalation. Zwischen ihnen besteht ein Widerspruch, der den Planern dieser Strategie bekannt ist: Die Möglichkeit zur rein konventionellen Verteidigung ist nicht gegeben (These 1). Die soeben zitierten Stellen des »Weißbuches« sprechen zwar von der Verteidigung gegen konventionelle Angriffe, die mit begrenzten Mitteln vorgetragen werden und von der Möglichkeit des Zeitgewinns. Analoges gilt wohl nach der Ansicht des »Weißbuches« auch für begrenzte taktisch-nukleare Angriffe. Aber es erscheint nicht sehr wahrscheinlich, daß die Sowjetunion oder ihre Verbündeten Anlaß sähen, begrenzte militärische Angriffe zu führen, wenn damit immerhin das Risiko der Eskalation bis zum großen nuklearen Krieg verbunden ist, und zugleich doch darauf verzichten, die ihnen verfügbaren militärischen Mittel einzusetzen, die wenigstens einen Erfolg in der gewählten militärischen Ebene sicherstellen. D. h. der wahre Grund für eine kriegsverhindernde Wirkung der NATO-Strategie läge nach dieser Argumentation eben doch im zweiten Grundsatz, in der Eskalationsdrohung, welche die neue Theorie der flexiblen Reaktion mit der alten Theorie der massiven Vergeltung gemeinsam hat.

Es ist freilich vom *amerikanischen* Standpunkt aus sehr gut zu verstehen, warum flexible Reaktion, also direkte

Verteidigung auf gleicher Ebene Teil des Systems sein soll. Die Drohung der massiven Vergeltung ist gegen kleinere Übergriffe nicht glaubwürdig, und man kann sehr zweifeln, ob selbst eine russische Eroberung ganz Europas die Vereinigten Staaten im Ernst zum großen strategischen Schlag mit seinen mutmaßlich selbstmörderischen Folgen veranlassen würde. Deshalb braucht die Supermacht USA die Möglichkeit, einen begrenzten Krieg begrenzt zu führen. Wenn dieser Krieg aber in unserem Lande wirklich geführt würde, wäre er die Zerstörung unseres Landes (These 2). Im Generalstabsspiel mag man sich begrenzte Kriegsverläufe ausdenken können, welche Teile unseres Landes und Volkes verschonen. Man kann nicht ausschließen, daß ein wirklicher Krieg auf einer dieser frühen Eskalationsstufen abgebrochen würde, aber wahrscheinlich machen kann man das ebensowenig. Das *europäische* und ganz besonders das *deutsche* vitale Interesse ist also zweifellos, daß keine dieser Möglichkeiten flexibler Reaktion je ausprobiert wird. *Wir* sind auf die Zuverlässigkeit der Abschreckungswirkung des Systems angewiesen, nicht auf die Finessen seiner denkbaren Durchführung. Ein zuverlässiger Abschreckungseffekt entsteht aber nur, wenn dem Gegner nicht bei Einsatz hinreichend hoher Mittel der Sieg sicher ist. Da ihm die Möglichkeit bleibt, schwere Nuklearwaffen gegen Europa einzusetzen und dabei die USA zu verschonen, gibt es für den Westen keine untere Ebene, auf der ein Konflikt mit Gewißheit zum Stehen gebracht werden könnte.

Auf der höchsten Ebene, der der strategischen Kernwaffen, gilt aber: Sowohl die Vereinigten Staaten als auch die Sowjetunion können heute als erster angreifen und den Gegner vernichten oder als zweite politisch bereits vernichtete Nation noch genügend Kernwaffen einsetzen, um auch den Angreifer zu vernichten. Eben diese Situation nennen wir das nukleare Patt. Das bedeutet aber: Wird, wie es im »Weißbuch« heißt, »die nukleare Komponente der Abschreckung ins Spiel gebracht«[11], indem die Vereinigten Staaten mit Kernwaffeneinsätzen gegen die Sowjetunion drohen, so entsteht das Vernichtungsrisiko sowohl für die Sowjetunion, als auch gleichermaßen für die Vereinigten Staaten. Das heißt aber, das Risiko ist für beide gleich hoch. Glaubt man an die Wirksamkeit einer solchen Drohung, so schrecken sich die USA somit selbst ab, ihre eigene Drohung wahr zu machen. Die Drohung ist damit im Ergebnis wiederum unglaubhaft. Glaubt man nicht an die Wirksamkeit einer derartigen Drohung, kann man auch nicht behaupten, man habe eine glaubhafte Abschreckung gegenüber der Sowjetunion, die die Sowjetunion zwinge, sich vom NATO-Territorium zurückzuziehen. An diesem Dilemma ändert sich auch nichts, wenn man einige Kernwaffen »zur nuklearen Demonstration« zündet.[12] Die Planung von »Demonstrationen« schiebt nur das unauflösbare Problem, in einer solchen verzweifelten Lage zwischen Kapitulation und Selbstvernichtung wählen zu müssen, vor sich her, in den Ernstfall, indem die Planung sich bewähren müßte.

Manches spricht dafür, daß wir hier eine Argumentation vorfinden, die sich auf ein inzwischen ausgestorbenes Konzept für die amerikanischen Raketenstreitkräfte und Fernbomber stützt: die »counter-force«-Strategie, mit der die drei- oder mehrfache Überlegenheit der USA an Interkontinental-Raketen und anderen Nuklearwaffenträgern in der Mitte der sechziger Jahre militärisch nutzbar gemacht werden sollte (exploitable capability). Auf die Zweifelhaftigkeit jener Annahmen, bei Existenz wechselseitiger Zweitschlagskapazitäten lasse sich eine zahlenmäßige Überlegenheit zur Abschreckung in Europa ausbeuten, kommen wir unten zurück.[13] Und überdies gehört die zahlenmäßige Überlegenheit der Vergangenheit an.

[11] »Weißbuch 1970«, S. 20.
[12] Vgl. Woller, S. 124.
[13] Vgl. S. 32 ff.

So enthüllt sich die NATO-Strategie als sich selbst widersprechend. Sie hat in Europa nichts anzudrohen, was den Gegner zum Stehen brächte und wovon der Gegner zugleich zuverlässig glauben kann, man sei in den Vereinigten Staaten bereit, das betreffende Mittel auch einzusetzen. Denn die strategische Schlagkraft kann nicht zugleich zur Garantie der Vermeidung des nuklearen Weltkriegs und zur Drohung mit diesem Weltkrieg dienen. Entweder die Abschreckung vor dem Gebrauch strategischer Waffen durch die Drohung mit ihresgleichen ist zuverlässig; dann kann man nicht glaubwürdig drohen, man werde sie am Ende einer Eskalationskette von kleineren – zuerst konventionellen, dann nuklearen – Waffen wirklich einsetzen. Oder man ist zu diesem Einsatz bereit; dann ist das Risiko des großen nuklearen Krieges reell.

Dieser Widerspruch ist jeder lokalen Strategie unter der Lähmung des großen Abschreckungssystems inhärent. Er hat sich seit mehr als 10 Jahren in der Diskussion um die NATO-Strategie gespiegelt.[14] Wir haben deshalb in unserer Studie die Strategie der flexiblen Reaktion eine »Mystifikation« dieses Widerspruchs genannt.[15]

Wir haben darauf hingewiesen, daß auch eine solche Mystifikation mit dem Ergebnis des Aufbaus eines für Freund und Feind unkalkulierbaren Risikos eine gewisse abschreckende Wirkung entfaltet.[16] Die Abschreckungswirkung folgt dabei gerade aus der Möglichkeit, daß der Konflikt, entgegen den kalkulierbaren Interessen der Bundesrepublik, durch das Zusammenspiel von unkalkulierbaren Eskalationsfaktoren auf beiden Seiten über das für die Bundesrepublik allenfalls noch erträgliche Ausmaß hinaus eskalieren könnte. Und eben diese, hier instrumentale Möglichkeit der Eskalation gegen unsere In-

[14] Vgl. z. B. »Eine Strategie für Europa«, Frankfurt 1963. Besonders S. 73 ff., 141 ff.

[15] Vgl. »Kriegsfolgen und Kriegsverhütung«, S. 65.

[16] Vgl. »Kriegsfolgen und Kriegsverhütung«, S. 66, S. 294 ff.

teressen verbietet auf der anderen Seite, eine solche Strategie der »flexiblen response« als verläßliches, handhabbares Instrument unserer Sicherheit anzusehen und zu verwenden. Pointiert ausgedrückt: Entweder, man droht mit einer für uns kalkulierbaren Eskalation, dann schreckt die Drohung nicht ab, weil sie wegen ihrer notwendigerweise niedrigen Limitierung auch für den Gegner kalkulierbar und überbietbar wird. Oder man läßt zu, daß das Eskalationsmaß auch für die eigene Seite unkalkulierbar wird, dann aber gibt man die Steuerung des Konflikts aus der Hand, verzichtet also auf eine Strategie.

Hinzu kommt: Wenn eines Tages die Drohung der Vereinigten Staaten mit dem Vernichtungsschlag gegen die Sowjetunion vollständig leer werden sollte, hätte die Sowjetunion keine der niedrigen Stufen »flexibler Reaktion« entscheidend zu fürchten.

Über diesen Sachverhalt dürfen wir uns nicht selbst mystifizieren.

4. THESE:
Zwischen den Supermächten gibt es heute eine in ihrer militärischen Logik widerspruchsfreie Abschreckungsstrategie

---

Obwohl wir von dieser Strategie und den Verhandlungen zu ihrer Sicherung jeden Tag in der Zeitung lesen, sind die subtilen Bedingungen ihrer Zuverlässigkeit nicht im allgemeinen Bewußtsein. Hier trägt die Undifferenziertheit der These vom atomaren Selbstmord ihre gefährlichen Früchte. Das durchschnittliche politische Bewußtsein ist noch nicht wesentlich über die Meinung hinausgekommen: »Diese Waffen sind so groß, daß ihr Einsatz Selbstmord wäre; also werden sie nicht eingesetzt werden.« Die seit einem Jahrzehnt gültige Abschreckungsdoktrin beruht jedoch gerade auf einer kritischen Analyse dieser primitiven Meinung. Ihre Basis ist: Es ist nicht Selbstmord, sondern bloß und einfach Mord, wenn eine Supermacht diese Waffen gegen eine andere einsetzt. Selbstmörderisch werden die Folgen erst, wenn der Gegner mit gleicher Wirkung zurückschlagen kann und dies auch tut. Stabil ist eine Abschreckung zwischen zwei Mächten daher dann, wenn beide eine unzerstörbare Vergeltungskapazität besitzen (Zweitschlagskapazität, assured destruction capacity). Diesem Konzept fehlt der Widerspruch, der die Brauchbarkeit von Abschreckungsdoktrinen für die europäischen Bundesgenossen in Frage stellte:

Greift nämlich eine Großmacht X eine andere Großmacht Y mit einem ersten Schlag an, so ist die Frage für die angegriffene Macht Y nicht, ob sie die wechselseitige Vernichtung für begrenzte Ziele in Kauf nehmen soll oder nicht. Denn Y ist in diesem Fall bereits weitgehend zerstört. Die Frage für Y ist vielmehr, ob es dabei bleiben soll, daß nur sie selber zerstört ist, oder ob auch der Konkurrent X als lebensfähige Industriegesellschaft ausgeschaltet werden soll. Die Fähigkeit dies zu erreichen hat Y behalten, wenn es eine Zweitschlagskapazität besitzt.

Man mag darüber streiten, ob ein solcher »Racheschlag« rational ist, aber das spricht mehr gegen die Verwendung des Begriffes rational an dieser Stelle als gegen die Glaubhaftigkeit einer solchen Reaktion. Immerhin lassen sich auch »rationale« Erklärungen denken, wie z. B. das Ziel, dem gegnerischen Gesellschaftssystem nicht kampflos den Sieg zu überlassen, sondern von gleichermaßen geschwächten Positionen aus erneut in das Ringen einzutreten.

Klar ist jedenfalls: Diese Form der Abschreckung durch ein Konzept wechselseitig unverwundbarer Zweitschlagskapazitäten (stabile Abschreckung) basiert nicht auf einem logischen Widerspruch. Das Konzept ist insoweit glaubhaft.

Warum ist diese Abschreckungssituation nur stabil, wenn *beide* Kernwaffenmächte eine gesicherte Kapazität für den zweiten Schlag aufbauen?

Nehmen wir an, X habe eine gesicherte Fähigkeit zum *zweiten* Schlag, Y nicht. Y sei aber in der Lage, in einem *ersten* Schlag die gegnerische Wirtschaft vernichtend zu treffen; nur eben zur Zerstörung der Gegenschlagsraketen von X reiche die Kapazität von Y nicht aus, während umgekehrt X in einem ersten Schlag nicht nur die Wirtschaft von Y, sondern auch dessen Raketen vernichten kann.

Dies scheint zunächst eine bessere Stellung von X zu gewährleisten. Aber überlegen wir, wie die politische und militärische Führung von Y reagieren wird: Wenn die politische Spannung zwischen den Mächten gering ist, so wird keine von beiden in Versuchung sein, ihre nukleare Schlagkraft einzusetzen. Solange bedeutet es keinen Vorteil für X, nuklear stärker zu sein als Y. Ist aber die Spannung groß, hat vielleicht ein begrenzter Krieg zwischen beiden schon begonnen, so wird man sich in Y fragen, ob X nicht ein Interesse haben könnte, sich seines Gegners Y mit einem einzigen großen Atomschlag zu entledigen. Die Führung von Y hätte dagegen keine Gegenwehr. Wenn sie schon untergehen soll, wird sie dann aber nicht den Gegner in den Untergang hineinziehen wollen? Wenn schon das »einzig richtige« politisch-wirtschaftliche System, das sie zu vertreten überzeugt ist, zerstört werden sollte, soll dann sein böswilliger Gegner triumphieren? Wird man nicht wenigstens mit dem Wahnsinnsakt drohen, das Land von X zu zerstören, ehe X seine eigenen Raketen auf Y abschießt? Und wird man die Nerven behalten und die Drohung nicht wahr machen? Wenn sich aber die Führung von X einigermaßen ausmalen kann, daß man beim Gegner mit diesem Gedanken umgeht, so ist nun umgekehrt für X die Versuchung zum Präventivschlag sehr groß. Und eben daß Y dies weiß, kann vielleicht der auslösende Faktor für den Schlag sein, den Y gerade *weil* er der Schwächere ist, schließlich wirklich führt. Es sei an dieser Stelle daran erinnert, daß das militärische Kräfteverhältnis Chinas zur Sowjetunion und zu den Vereinigten Staaten bald in diese Stufe der Instabilität eintreten wird und voraussichtlich auf Jahrzehnte die Stufe des Gleichgewichts nicht erreichen kann, wenn der Ausbau der Nuklearpotentiale der USA und der Sowjetunion im derzeitigen Tempo fortgesetzt wird.

Gleichgewicht auf der Ebene der strategischen Abschreckung ist also die für *beide* Seiten günstigste Position. Dieses Konzept der stabilen Abschreckung hat seit dem Ende der 50er Jahre das ältere amerikanische Konzept der »massiven Vergeltung« abgelöst. Militärische Analysen der Schwäche des älteren Konzepts[17] und die Annahmen der Schule des sogenannten politischen Realismus (Morgenthau) haben auf die Entstehung der neuen Doktrin eingewirkt. Diese Strategie suchte den Krieg dadurch zu verhindern, daß sie durch die wechselseitige Vernichtungsdrohung Machterhaltung und »Nichtkriegführung« identifizierte; Kriegsverhütung also nicht durch Abrüstung, sondern durch eine intelligent geplante begrenzte Rüstung anstrebte.

Die Frage war aber: Wie soll der Weg weitergehen? Hier gabelten sich die Intentionen. Einige sahen das Abschreckungssystem vor allem als Sprungbrett zur wahren Abrüstung. Die Abschreckung sollte Sicherheit garantieren, die Sicherheit sollte die gegenseitige Angst auflösen, der Abbau der Angst sollte Entspannung ermöglichen, und die Entspannung schließlich zur Abrüstung und einem weltweiten stabilen Sicherheitssystem führen. Es gehört zur Ironie der Weltgeschichte, was hiervon wirklich geworden ist:

Die Sicherheit der Supermächte voreinander hat zugenommen, ihre Angst voreinander hat ein wenig abgenom-

[17] R. Wohlstetter, »The Precarious Balance of Power«, 1958.

men, sie treiben eine Politik vorsichtiger Entspannung, von Abrüstung ist im Ernst keine Rede. Diskutiert wird lediglich eine Begrenzung des Wettrüstens. Die Steigerung des Rüstungsaufwandes ist in den Jahren nach der Entwicklung der Theorie nicht zurückgegangen. Es muß offen bleiben, ob ohne diese Theorie ein noch schnelleres Wettrüsten stattgefunden hätte. Die politischen Probleme der beiden Großmächte, sowohl mit den eigenen Verbündeten, wie in der Dritten Welt sind größer als vor zehn Jahren.

Die Gründe hierfür zeigen sich deutlicher, wenn wir die anderen an die Abschreckungsdoktrin anknüpfenden Intentionen betrachten:

Man sah leicht, daß man zwar ein wichtiges, aber doch nur ein partielles Problem »gelöst« hatte. Die Lösung bezog sich nur auf die größten, sogenannten strategischen Waffen, nur auf das gegenseitige Verhältnis der Supermächte in diesen Waffen, und nur auf eine zeitlich begrenzte Phase der Waffenentwicklung. Sie schloß günstigenfalls einen großen Krieg der beiden Mächte gegeneinander aus, aber nicht die Fortdauer ihres weltpolitischen Ringens und nicht die wachsende Unerträglichkeit der amerikanisch-russischen Dominanz für den Rest der Welt. Die große Weltsicherheitslösung blieb am fernen Zukunftshorizont, und die Sicherheit durch Abschreckung wurde zum Eckpfeiler einer »realistisch« fortgesetzten Interessen- und Machtpolitik.

5. THESE:
Die Abschreckung zwischen den Supermächten führt zum Wettrüsten

Daß die politische Spannung des kalten Krieges, zusammen mit den noch unentwickelten Abschreckungsvorstellungen der fünfziger Jahre zum Wettrüsten führte, braucht nicht zu verwundern. Daß aber auch die wachsende politische Entspannung zwischen den beiden Supermächten, zusammen mit dem Konzept der Abschrekkung durch begrenzte Zweitschlags-Kapazitäten, von unablässigem weiterem Wachstum der Rüstungen begleitet war, ist paradox. Man wußte zwar, daß die strategische Abschreckung in sich selbst noch nicht die Abrüstung bedeutet. Das direkte rüstungspolitische Ziel der neuen Strategie nannte man konsequenterweise nicht disarmament, sondern arms control. »Arms control« bedeutet hier gemäß englischem Sprachgebrauch nicht »die Einhaltung von Rüstungsbeschränkungen durch den Gegner kontrollieren«, sondern etwa »die Entwicklung der Waffensysteme in der Hand behalten«. Warum ist die Rüstung gleichwohl »außer Kontrolle geraten«? Denn wäre sie es nicht, so wären z. B. die SALT-Gespräche heute nicht nötig.

Man kann den Grund zunächst mit der Maxime »mehr ist besser« bezeichnen, einer Maxime, die auf beiden Seiten fortwirkt. R. McNamara hat in seiner Rede von San Francisco 1967 diesen Mechanismus in klassischer Genauigkeit beschrieben. Er sagte dort:

»Einen Punkt möchte ich allerdings völlig klarstellen: unsere derzeitige numerische Überlegenheit über die Sowjetunion an präzisen und wirksamen Sprengköpfen geht über unsere ursprünglichen Planungen hinaus und ebenso über unsere eigentlichen Erfordernisse ... Wie es dazu kam, ist bezeichnend für die Dynamik, die sich beim nuklearen Wettrüsten entfaltete.

Im Jahre 1961, als ich Verteidigungsminister wurde, besaß die Sowjetunion ein sehr kleines Arsenal einsatzbereiter Interkontinentalraketen. Aber es standen ihr sehr wohl die technischen und industriellen Möglichkeiten zu Gebote, um dieses Arsenal im Verlauf der folgenden Jahre beträchtlich zu vergrößern. Wir hatten keine Beweise, ob die Sowjets beabsichtigten, ihre Kapazität tatsächlich in vollem Ausmaß zu nutzen. Doch man muß sich, wie ich bereits darlegte, bei strategischen Planungen in seinen Berechnungen von konservativen Erwägungen leiten lassen. Das heißt, man muß Vorsorge für den denkbar schlechtesten Fall treffen und sich nicht damit zufrieden geben, auf den wahrscheinlichen zu hoffen[18] und dementsprechende Vorkehrungen treffen.

Da wir keine Gewißheit über die sowjetischen Intentionen hatten – wir wußten nicht, ob sie ihr Potential nicht erheblich verstärken würden –, mußten wir uns gegen eine solche Eventualität absichern, indem wir unsere eigenen Minuteman- und Polaris-Verbände wesentlich vergrößerten. So kam es, daß wir im Zuge der Schutzmaßnahmen gegen eine – damals nur theoretisch mögliche – sowjetische Kräfteballung Entscheidungen trafen, die unsere derzeitige Überlegenheit in der Anzahl der Sprengköpfe und der verfügbaren Megatonnen zur Folge hatten. Doch die nüchterne Tatsache bleibt bestehen, daß wir unser nukleares Arsenal einfach nicht in der gegenwärtigen Stärke hätten anzulegen brauchen, wenn wir genauere Informationen über die vorgesehenen strategischen Streitkräfte der Sowjets gehabt hätten.

Ich möchte hier ganz offen sprechen. Ich sage nicht, daß unsere Entscheidung im Jahre 1961 ungerechtfertigt war. Ich sage, daß sie durch den Mangel an präzisen Informationen bedingt wurde. Außerdem konnte diese Entscheidung an sich – so gerechtfertigt sie war – letzten Endes nicht ohne Auswirkungen auf die künftigen nuklearen Planungen der Sowjetunion bleiben.

Man muß erkennen, daß die Sowjetunion und die Vereinigten Staaten einander bei ihren strategischen Plänen beeinflussen.

Welche Absichten die Sowjets oder wir im Zusammenhang mit dem Aufbau nuklearer Streitkräfte auch haben mögen – seien es tatsächliche oder auch nur mögliche Aktionen –, sie lösen zwangsläufig Reaktionen aus. Es ist gerade dieses Phänomen von Aktion und Reaktion, das ein Wettrüsten auf Hochtouren hält.«[19]

18 Eine umgekehrte Tendenz läßt sich in der deutschen Verteidigungsplanung beobachten. Hier wird gerne mit wahrscheinlichen Fällen operiert. Dieser Sachverhalt und die Kritik daran, daß insbesondere ineffektive gegnerische Strategien für wahrscheinlich erklärt werden, findet sich in »Kriegsfolgen und Kriegsverhütung«, S. 299.

19 Robert S. McNamara, »Die Sicherheit des Westens«, Wien-München-Zürich 1969; S. 69–71.

McNamara, der damals noch selbst die Verantwortung für die amerikanische Seite dieses Wettrüstens trug, hebt den objektiven Sachzwang hervor, der aus der Kombination des Zieles »stabile Abschreckung« mit der beiderseitigen Ungewißheit über die Absichten der Gegenseite entsteht. Auch Rüstungsbeschränkungen setzen eben eine Kooperation beider Seiten voraus. Freilich war es eine der Pointen des arms-conrol-Denkens, daß richtig angesetzte Abschreckungsstreitkräfte nicht aus Mißtrauen und Fehlkalkulationen heraus zu wachsen brauchen. Denn bei als »unverwundbar« angesehenen Zweitschlagskapazitäten hätten auch relativ große Differenzen in den Raketenzahlen beider Seiten die Stabilität der Abschreckung nicht aufheben können. Aber militärische und nicht-militärische Gründe haben diese Logik überspielt.

Einerseits stellt die Waffenentwicklung die strategischen Abschreckungswaffen immer von neuem in Frage; dieses Gleichgewicht ist nicht automatisch stabil, sondern bedarf ständig neuer Stabilisierung. Die Balance, das Patt, eben die Fähigkeit zum zweiten Schlag ist das Resultat bestimmter Waffensysteme: Raketen, die in Bunkern geschützt sind, Raketen auf U-Booten. Die technische Entwicklung schreitet aber fort und »Verbesserungen« der Technik gefährden das heute bestehende Gleichgewicht. Genauere und stärkere Raketen erhöhen die Wahrscheinlichkeit, daß die gegnerischen Raketen im Bunker zerstört werden können. Raketen mit Mehrfachköpfen haben denselben Effekt. Raketen-Abwehrraketen können die Vergeltungsraketen abfangen. Die U-Boot-Abwehr wird verbessert. Sind nun beide Seiten auf die Stabilität der Abschreckung angewiesen, müssen beide Seiten ein solches Resultat der Entwicklung der gegnerischen Arsenale verhindern. Das heißt aber, sie müssen ihre eigenen Waffensysteme ebenfalls weiterentwickeln, um so zu versuchen, ein Gleichgewicht zu erhalten.

Dieser Zwang ist zum Teil mit dem Zwang durch

»konservative Erwägungen« über den quantitativen Ausbau der gegnerischen Arsenale identisch, der uns schon oben als Grund für den übermäßigen Ausbau der amerikanischen Kapazitäten begegnete. Aber nur zum Teil. Neben diesen politischen Beschleunigungsfaktor tritt der technische (qualitative), der aus dem allgemeinen technischen Trend zu »Verbesserungen« resultiert.

Hinzu kommt, daß gerade die erfolgreiche gegenseitige Abschreckung der großen, strategischen Waffen diese Waffen für jede andere Verwendung lahmlegt. So entstand ein ständig wachsendes Bedürfnis nach Waffen zu anderer, begrenzter Verwendung. Zwar sollten nach einigen Konzepten die strategischen Kernwaffen auch dieser Verwendung dienstbar gemacht werden. Um die sowjetische Überlegenheit in Europa z. B. auszugleichen, sollten die Vereinigten Staaten eine Überlegenheit an strategischen Kernwaffen entwickeln (exploitable capability).[20] Sinn dieser »ausbeutbaren Kapazität« sollte es sein, in einem »counter-force«-Angriff möglichst viele gegnerische Raketen auszuschalten. Die Vereinigten Staaten sollten nach dieser Theorie anschließend noch in der Lage sein, der Sowjetunion vernichtendere Schläge gegen deren Bevölkerungszentren (counter-value) zuzufügen, als die Sowjetunion umgekehrt den Vereinigten Staaten.[21] Und die Drohung mit diesem zweiten Schlag sollte daher die Sowjetunion zwingen, Angriffsoperationen in Europa einzustellen.

[20] So noch im Military Budget 1967. – Hier liegt also ein Widerspruch zu der These McNamaras, die US-Kapazitäten seien stärker gewachsen, als die militärischen Bedürfnisse der USA dies erfordert hätten. Vgl. S. 33.

[21] Die Fragwürdigkeit dieses Konzeptes klingt bereits in frühen Studien an. Vgl. z. B. »Eine Strategie für Europa«, Metzner Verlag 1963, S. 75 ff. – Eine der jüngsten Beschreibungen der Probleme einer solchen Strategie findet sich bei W. Slocombe, »The Political Implications of Strategic Parity«, Adelphi Paper 77, London ISS 1971, S. 9 ff. Slocombe untersucht insbesondere den Einfluß, den der Übergang von »assured destruction Positionen« mit Überlegenheit einer Seite zu assured destruction bei »Parity« hat.

So sollte mit Hilfe dieser Überlegenheitsstrategie einmal eine zusätzliche Stufe in die Eskalation vom lokalen Konflikt bis zur wechselseitigen Vernichtung eingebaut werden. Zum anderen sollte das Verfahren dazu dienen, die strategischen Kernwaffen in lokalen Konflikten trotz einer Zweitschlagskapazität der Gegenseite politisch und militärisch zu nutzen.

Es wird schnell deutlich, daß diesem »Kompromiß« zwischen »stabiler Abschreckung« und »Überlegenheit der USA« die Nachteile der Instabilität (durch Überlegenheit) und mangelhafter Glaubwürdigkeit der Eskalationsdrohung anhaften. Wie groß die Rolle dieses Konzeptes für die heute zu beobachtende Verschärfung des Wettrüstens war, muß offen bleiben. Als Postulat, auf das sich beide Seiten einlassen können, war das Konzept jedenfalls ungeeignet, da es die wechselseitige Überlegenheit übereinander erfordert hätte. Und die zeitliche Korrelation dieser Doktrin zu den Entscheidungen über die Entwicklung der heute sichtbaren destabilisierenden Waffensysteme ist ebenfalls eindeutig.

Der Versuch, die Verpflichtungen (»commitments«) durch strategische Kernwaffen abzudecken, ist sowohl unter dem Konzept »massive retaliation« als auch unter dem Gesichtspunkt einer »exploitable capability« in der stabilen Abschreckung, wohl endgültig gescheitert. Aber das Problem bleibt. Bisher jedenfalls hat diese Ungewißheit in einer Logik, die unwiderleglich ist, wenn man nur die Prämissen des Systems akzeptiert, beide Supermächte dazu genötigt, ein immer wachsendes Arsenal von Waffen aufzubauen, die auf einer niedrigeren als der strategischen Ebene operieren und die darum eine höhere Wahrscheinlichkeit des Einsatzes haben sollen. Diese Waffen stellen das weitaus größere Kontingent der Kosten der beiderseitigen Rüstung.[22]

[22] So gaben die Vereinigten Staaten im Fiscal-Jahr 1971 rund 8 Milliarden (8×10^9) Dollar (von insgesamt 73 Milliarden Dollar

Einen weiteren, nicht-militärischen Grund für das Wettrüsten hat ein anderer führender amerikanischer Staatsmann, Präsident Eisenhower, in seiner Abschiedsrede unter dem Titel des militärisch-industriellen Komplexes genannt. Mit den Waffensystemen sind die partikularen Interessen der Wehrmachtsteile, die die Waffen benutzen, und der Industrien, die sie produzieren, aufs engste verbunden. In Amerika sind diese Zusammenhänge in den letzten Jahren immer mehr in öffentliche Beleuchtung gerückt worden.[23] Auch hier genügt es nicht, Vorwürfe gegen Personen zu erheben. Man muß vielmehr die strukturellen Sachzwänge begreifen, wenn man hoffen will, zum Zweck der Änderung hinreichend tief anzusetzen. In der zivilen privaten Wirtschaft gehört es zu den Mitteln der großen Industrien im Kampf ums Dasein, daß sie die Nachfrage, die sie zu befriedigen versprechen, in weitem Umfang selbst erzeugen.[24] Dasselbe tut die Rüstungsindustrie. Ein großer Motor des Rüstungswettlaufs liegt so in der Verknüpfung privatwirtschaftlicher Interessen mit der Rüstung. Auch Bürokratien sind analogen, strukturell bedingten Versuchungen ausgesetzt. Es wäre erstaunlich, wenn es auf sowjetischer Seite nicht eine Parallele zum militärisch-industriellen Komplex gäbe, die nur, dem po-

Rüstungsausgaben) für strategische Streitkräfte, rd. 25 Milliarden für »General purpose forces« und 28 Milliarden für militärische Unterstützung anderer Nationen, »guard and reserve forces« usw., aus. Das Verhältnis war 1968 noch sehr viel stärker zu Ungunsten der strategischen Streitkräfte verschoben (SIPRI Yearbook of World Armaments and Disarmament, 1969/70. S. 7).

Die französischen und britischen Ausgaben für die strategische Nuklearstreitmacht liegen verständlicherweise prozentual höher. Doch auch hier liegen die Schätzungen unter 30–35% des Gesamtverteidigungsetats. (Vgl. z. B. Jan Smart, Future conditional. The Prospect for Anglo-French Nuclear Cooperation. Adelphi-Paper 78, ISS London 1971, S. 18/19.)

[23] Vgl. z. B. das emotionell aufgeladene, aber sehr informationsreiche Buch von R. Z. Barnet, »The Economy of Death«, New York 1969, deutsch: »Der amerikanische Rüstungswahn oder die Ökonomie des Todes«, ro-ro-ro 1971.

[24] Vgl. etwa J. Galbraith: »Die industrielle Gesellschaft«.

litischen System gemäß, vor den Augen der Öffentlichkeit besser verborgen ist. Schließlich ist auch die politisch-wirtschaftliche Konkurrenz verschiedener Staaten ein Faktor. So sind im ständig expandierenden Rüstungshandel mit der Dritten Welt die privaten Firmen als Lieferanten immer mehr gegenüber den Regierungen der Industrieländer zurückgetreten.[25]

6. THESE:
Das Wettrüsten führt zur Erhöhung des Kriegsrisikos

Mit der 6. These setzen wir uns in Gegensatz zu einer vielfach ausgesprochenen oder stillschweigend vertretenen Ansicht. Wir sind in ihr jedoch einig mit dem »Weißbuch 1970« der Bundesregierung, welches feststellt:

»Eine Vermehrung oder eine einseitige qualitative Verbesserung der strategischen Waffen könnte das prekäre Gleichgewicht des Schreckens gefährden – darin liegt die Bedenklichkeit des fortgesetzten Wettrüstens. Wenn eine Supermacht die andere technologisch überflügelte, mag wenigstens in einer Übergangsphase eine Situation eintreten, in der eine Seite entweder tatsächlich im Vorteil wäre oder sich doch im Vorteil wähnte und deshalb in Versuchung geraten könnte, einen ersten Schlag zu führen, der den Angegriffenen entwaffnete.«[26]

Wir haben schon unter der vierten These dargelegt, daß die verbreitete Meinung, die Supermächte würden nicht zum großen Krieg schreiten, für den Augenblick zwar eine sehr hohe Wahrscheinlichkeit für sich hat, aber nicht aus dem bloßen Grund der Größe der Waffen, sondern wegen des hochdifferenzierten Abschreckungssystems der Zweitschlags-Kapazitäten. Die Frage ist, ob

[25] Vgl. W. Albrecht, »Der Handel mit Waffen«, München 1971.
[26] »Weißbuch 1970«, S. 8 Ziff. 8.

dieses System das Wettrüsten ungefährdet überstehen kann. Ganz grob kann man hier vielleicht annehmen: Durchschnittlich alle sieben Jahre ist heutzutage die Waffenentwicklung so weit fortgeschritten, daß man von einem wesentlich neuen Waffensystem sprechen muß. Die Existenz einer garantierten Fähigkeit zum zweiten Schlag ist eine besondere technische Tatsache, die in jedem Waffensystem stets von neuem garantiert werden muß. Sie bestand z. B. nicht, solange die Interkontinental-Raketen von unverbunkerten ortsfesten Basen abgefeuert wurden, die durch einen ersten gegnerischen Schlag ausgelöscht werden konnten. Dem wurde durch verbunkerte Raketenstellungen abgeholfen. Der Bunker schützt aber nur gegen einen ungenauen Treffer, nicht aber gegen einen nahen Treffer mit atomarem Sprengkopf. So führt die technische Entwicklung hin und her zwischen Erfindungen, die das Abschreckungssystem stabilisieren und solchen, die es destabilisieren. Welcher von beiden Effekten sich in einem neuen Waffensystem durchsetzen wird, ist a priori kaum vorherzusagen. Wollten wir also die gegenwärtige Stabilität der Abschreckung auch nur ein halbes Jahrhundert lang gesichert sehen, so müßten wir etwa siebenmal (7 mal 7 Jahre = 49 Jahre) das Glück haben, daß die jeweils modernsten Waffen von neuem die Stabilität begünstigen. Drücken wir das Nichtwissen in jedem Einzelfall durch die Wahrscheinlichkeit $1/2$ aus, so hätte eine durch ein halbes Jahrhundert durchgehaltene garantierte Stabilität der Abschreckung die Wahrscheinlichkeit $(1/2)^7$, d. h. etwas weniger als 1%. Umgekehrt gesagt: Die Wahrscheinlichkeit, daß wir wenigstens 7 Jahre des nächsten Halbjahrhunderts ohne den Schutz der Zweitschlagskapazitäten werden leben müssen, ist nach dieser sehr vereinfachten Rechnung 99%.

Für das jetzt bevorstehende Jahrzehnt kann man genauer reden. Das »Weißbuch 1970« nennt einige wohlbekannte Faktoren:

»Die gefährliche Situation einseitigen Vorteils könnte auf dreierlei Weise entstehen: durch den Aufbau eines Raketenabwehrsystems (ABM)[27] bis zu dem Punkt, an dem die eigene Bevölkerung einen Vergeltungsschlag nicht mehr fürchten müßte; durch die Bestückung zielgenauer Angriffsraketen mit mehreren Sprengköpfen (MIRV)[28], welche in einer ›Sättigungsattacke‹ die gegnerischen Vergeltungsraketen ausschalten; oder durch eine Kombination von beidem.«[29]

Hier ist noch nicht genannt die Sicherung der Schlagkraft durch ihre Verlegung auf U-Boote und die damit einsetzende rapide Entwicklung von technischen Mitteln zur Ortung und Bekämpfung von U-Booten.[30] In diesem Wettlauf haben im Augenblick die U-Boote noch einen Vorsprung, doch wird man nicht wagen, mit Sicherheit zu prognostizieren, wie lange er andauern wird.

Wir haben diesen Fragen wegen ihrer Wichtigkeit eine ausführliche Systemanalyse gewidmet.[31]

Das Ergebnis dieser Untersuchung ist in dem nachfolgenden Artikel »Dynamik und Entwicklung der Abschreckung« dargestellt. Hier fassen wir es noch knapper zusammen:

Eine Kernwaffenmacht (X) kann sich gegenüber einer anderen Kernwaffenmacht (Y) in drei prinzipiell unterschiedlichen Positionen befinden:

1. Sie kann in der Lage sein, sowohl mit einem ersten Schlag als auch nach einem Überraschungsangriff der anderen Seite diesen Gegner als lebensfähige Industrienation auszulöschen.

[27] ABM: Anti-Ballistic Missile, Raketenabwehrrakete.

[28] MIRV: Multiple Independently-Targeted Re-entry Vehicle, Rakete mit mehreren, unabhängig voneinander in verschiedene Ziele gesteuerten Sprengköpfen.

[29] »Weißbuch 1970«, S. 8.

[30] Vgl. z. B. »Strategic Survey 1970«, herausgegeben vom Inst. for Strategic Studies, London 1971.

[31] H. Afheldt und Ph. Sonntag, S. 303–416 in »Kriegsfolgen und Kriegsverhütung«, jetzt auch englisch als Separatdruck: »Stability and Strategic Nuclear Arms«, World Law Fund Occasional Papers, World Law Fund, New York 1971.

2. Sie kann die Fähigkeit haben, den Gegner mit einem ersten Schlag auszulöschen, aber nicht, einen zweiten Schlag zu führen.
3. Sie kann unfähig sein, selbst mit einem ersten Schlag den Gegner vernichtend zu treffen.

Dieses Prinzip gilt für beide Mächte und so ergeben sich als erstes Resultat 8 mögliche unterschiedliche strategische Fälle.[32]

7 von ihnen sind wohl definiert. Als Beispiele geben wir nur an: Fall 1: Beide Mächte besitzen die garantierte Fähigkeit zum zweiten Schlag. Fall 3: Beide Mächte sind atomar unverwundbar (d. h. keine von beiden besitzt eine Fähigkeit zum zerstörenden ersten oder zweiten Schlag). Fall 4: Die Macht X hat die Fähigkeit zum ersten und zweiten Schlag, die Macht Y nur die Fähigkeit zum ersten Schlag (unter These 4 diskutierter Fall). Schließlich bezeichnet der Fall 8 die Ungewißheit: Die Waffen, ihre Anzahlen und Treffgenauigkeiten liegen so, daß man nicht vorhersagen kann, ob sie zum zerstörenden ersten oder zweiten Schlag ausreichen werden oder nicht.

Nun kann niemand mit Sicherheit vorhersagen, wie sich die Treffgenauigkeit und die Zahl der verschiedenen Waffentypen in den kommenden 10 Jahren entwickeln werden. Insbesondere sind die Effizienzen gegenüber den gegnerischen Abwehrmaßnahmen (z. B. Panzerungen, elektronische Gegenmaßnahmen usw.) im Frieden nicht einmal durch gemeinsame Tests der beiden Gegner (!) exakt zu verifizieren. Zuverlässige Prognosen hierüber stehen also auch den Regierungen nicht zur Verfügung. Auch die Regierungen müssen sich also auf Wahrscheinlichkeitsschätzungen verlassen.

[32] Formal ergeben sich zunächst 9 Kombinationen. Zwei von diesen Kombinationen sind unmöglich. Hinzu tritt dann der Fall der Unkalkulierbarkeit. Vgl. hierzu »Kriegsfolgen und Kriegsverhütung«, S. 313, Anm. 14.

Wir haben nun die Frage studiert: Angenommen die Anzahlen und die Treffsicherheiten der Interkontinental-Raketen, der antiballistischen Raketen und der MIRV-Sprengköpfe nehmen gewisse Werte an, welcher strategische Fall wird dann jeweils vorliegen? Wir trugen die Ergebnisse in Diagramme ein, in denen die jeweiligen Ausgangsannahmen als unabhängige Veränderliche behandelt werden und die Bereiche der Werte dieser Veränderlichen schraffiert werden, in denen jeweils der strategische Fall 1, Fall 2 usw. vorliegt. Käme z. B. heraus, daß bei jedem möglichen Wert der Anzahlen und Treffwahrscheinlichkeiten der vollstabile Fall 1 (beiderseitige assured destruction) vorläge, so würde man sagen: diese Waffenentwicklungen bedrohen die Stabilität nicht. Käme hingegen etwa heraus, daß bei vielen Parameterwerten der instabile Fall 4 vorliegt, so würde man eine große Wahrscheinlichkeit der Entstabilisierung voraussagen.

Das Ergebnis zeigt einmal die Ungewißheit der Prognose. Deutlich ist andererseits: MIRV, insbesondere in Verbindung mit ABM, wirken destabilisierend. Überraschend, auch für die Verfasser war, wie dicht die instabilen Fälle neben den stabilen Fällen liegen, wie kleine Verbesserungen von Treffwahrscheinlichkeiten zum Beispiel aus stabilen Lagen in instabile führen. Ein Beispiel einer solchen Entwicklung haben wir unten[33] dargestellt.

Für die genaueren Einzelheiten sei auf den Aufsatz »Dynamik und Entwicklung der Abschreckung« und die Originalstudie[34] verwiesen. Man kann nach diesen Ergebnissen nicht damit rechnen, daß verläßliche Zweitschlagskapazitäten das nächste Jahrzehnt überdauern werden. In diesem Sinne sagen wir, das Wettrüsten werde wieder zu einer Erhöhung der Kriegsgefahr führen.

[33] Vgl. S. 80 unter »Dynamik und Entwicklung der Abschreckung«.

[34] »Kriegsfolgen und Kriegsverhütung«, S. 303 ff.

Hiergegen lassen sich zwei Einwände erheben:

1. Die SALT-Gespräche werden das Wettrüsten beenden.
2. Die wahre Sicherheit liegt in Zukunft nicht in verläßlichen wechselseitigen Zerstörungskapazitäten, sondern gerade in der Ungewißheit des Ausgangs eines Krieges, im »unkalkulierbaren Risiko«.

1. Wenn es den SALT-Gesprächen (»Strategic Arms Limitation Talks«) in der Tat gelänge, das *gesamte* Wettrüsten zu beenden, so wäre zwar nicht unsere 6. These widerlegt, daß Wettrüsten das Kriegsrisiko erhöht, wohl aber die 5., daß das Abschreckungssystem zum Wettrüsten führt. Nichts Willkommeneres könnte der ganzen Welt heute im Bereich strategischer Waffen geschehen. Es ist ganz gewiß eine der Aufgaben einer heutigen Friedenspolitik, zum Erfolg dieser Gespräche alles nur mögliche beizutragen. Aber Vereinbarungen, die, wie zunächst angestrebt, neben Raketenzahlen allenfalls einige wenige qualitative Parameter wie Durchmesser oder Schubkraft von Raketen begrenzen, bedeuten nicht einmal das Ende des Wettrüstens auf dem Gebiete der strategischen Waffen. Denn der »qualitative Wettlauf« geht als Nebenprodukt der Fortentwicklung der Technik weiter. Die Treffgenauigkeiten, die Zahl der MIRVs je Rakete (als Ergebnis fortschreitender Miniaturisierung der Köpfe und der Verbesserung der Lenksysteme) werden steigen, usf. Und wie wir zeigten, wird dieser qualitative Wettlauf dem Gleichgewicht ebenso gefährlich wie der quantitative.

Und selbst wenn es gelingen sollte, auch den qualitativen Wettlauf auf diesem Spezialgebiet einzufangen, wäre allenfalls ein Zeitgewinn erreicht. Denn die wissenschaftlich-technische Waffenentwicklung auf allen andern Gebieten (z. B. Laser) geht weiter, solange einander mißtrauende souveräne Großmächte gegenüberstehen. Der oben mit den Worten McNamaras beschriebene Mechanismus, die eigenen Entscheidungen unter Zugrundelegung »konservativer Annahmen«, unter Zugrundelegung der schlechtest-möglichen Entscheidungen des Gegners also zu treffen (worst case analysis) wird wieder für den Aufbau dieser neu entwickelten Systeme sorgen.

Um mehr zu bedeuten als eine Atempause, müßte SALT ein Sprungbrett für viel größere, nämlich politische Entscheidungen werden. Entscheidungen, die außerhalb des Abschreckungssystems motiviert sind.[35]

2. Es liegt uns ferne, zu behaupten, der Übergang von der Abschreckung durch garantierte Zerstörungskapazitäten (»assured destruction«) zur Abschreckung durch inkalkulables Risiko werde alsbald einen Weltkrieg auslösen. Wir behaupten eine Erhöhung der Kriegsgefahr, mehr nicht. Die Wahrscheinlichkeit dieser Gefahr abzuschätzen, bleibt sehr schwer. Das biblische Empfinden: »Wie war es in den Tagen Noahs? Sie aßen und tranken, kauften und verkauften, freiten und ließen sich freien, bis die Flut kam und sie alle ertränkte« – dieses Empfinden läßt sich nicht in mathematische Wahrscheinlichkeitsschätzungen umsetzen. Wir behaupten immerhin, daß das unkalkulierbare Risiko in den fünfziger Jahren bestand, und daß die politischen und strategischen Planer mit guten Gründen der Sicherheit mißtrauten, unter der sie damals lebten, und darum die Abschreckungsstrategie entwarfen und verwirklichten, die wir hier besprochen haben. Wir haben die militärische Logik dieser Doktrin erkannt. Wir behaupten aber, daß die innere Konsequenz ihrer Weiterentwicklung genau diese militärische Logik wieder auflöst.

[35] Zu diesen Schwierigkeiten vgl. den Exkurs »Drei negative Utopien«, S. 75 ff.

7. THESE:
Der Versuch, durch Rüsten das Abschreckungsgleichgewicht zu erhalten, lähmt die Supermächte politisch und militärisch

Das Prinzip der Kriegsverhütung durch stabile Abschrekkung zwingt also die Supermächte in ein Aktions- und Reaktionsschema, in dem die eigenen Rüstungsmaßnahmen von denkbaren (potentiellen) Rüstungsentwicklungen der Gegenseite diktiert werden.[36] Zu dieser Lähmung der Entscheidungsfreiheit über die eigenen Rüstungsanstrengungen tritt als traurige Ironie, daß am Ende einer Kette derart rationaler Entscheidungen zur Erhaltung des Gleichgewichts eben dieses Gleichgewicht verloren gehen dürfte.

Da sich überdies die strategischen Waffensysteme als ungeeignet zur Abschreckung von Aktionen gegen die Schützlinge der Supermächte erwiesen, haben – wie oben beschrieben – beide Supermächte ein immer wachsendes Arsenal von Waffen aufgebaut, die auf einer niedrigeren als der strategischen Ebene operieren. Da diese Waffen die weitaus größten Kosten der beiderseitigen Rüstung erfordern, zeigt sich hier ein zweiter Aspekt der Lähmung: die *finanzielle* Selbstblockierung beider Supermächte durch ihr Rüstungssystem. Wer die ungelösten inneren Strukturprobleme beider Gesellschaften ins Auge faßt, kann die Tragweite dieser Lähmung ermessen.

Das Prinzip der Kontrollierbarkeit der Waffeneinsätze in diesem Konzept verlangt zudem die zentrale Steuerung des Konfliktes. Es begünstigt daher eine duopolistische Struktur der Machtverteilung und diente in der Vergangenheit auch zu deren Rechtfertigung. Diese duopolisti-

[36] Hierauf hat insbesondere Dieter Senghaas in einer Reihe von Aufsätzen immer wieder hingewiesen.

sche Struktur lähmt wiederum die Entwicklung von weltweiten kooperativen Strukturen.[37]

Hat das Konzept der stabilen Abschreckung diese Folgen, so ist zu fragen, ob nicht andere Kriterien für die Aufrechterhaltung der militärischen Komponente der Sicherheitspolitik – insbesondere der Sicherheitspolitik der Supermächte – entwickelt werden müßten.

Als erster Versuch einer solchen Änderung mag der Versuch des »unkalkulierbaren Risikos« angesehen werden. Dieser Versuch ist aber unzureichend, da er einerseits weniger deutlich kriegsverhindernde Militärapparate aufbaut als die stabile Abschreckung und andererseits ähnliche Forderungen an die eigenen Rüstungsanstrengungen stellt wie das Stabilitätskriterium und mit den ähnlichen Anforderungen denselben Mechanismus auslöst wie das derzeitige Konzept.

[37] Vgl. hierüber »Kriegsfolgen und Kriegsverhütung«, S. 425 ff.

KONSEQUENZEN

A. Gerade die Fragwürdigkeit des Abschreckungssystems eröffnet der Bundesrepublik einen Spielraum, rüstungspolitische Entscheidungen als Mittel der Außenpolitik einzusetzen

Die Bundesrepublik ist nicht Träger einer Strategie der stabilen Abschreckung. Sie ist auch nicht in ein optimal funktionierendes Sicherheitssystem derart eingebunden, daß sich jede Einzelentscheidung zwingend aus dem System ergäbe. In der Tat, hätten wir eine Streitmacht, die uns gegen einen Angriff mit Eroberungsabsicht effektiv schützen könnte, so wäre die Forderung natürlich, sie solle nicht unter das Maß reduziert werden, unterhalb dessen sie diese Verteidigungskraft verlöre. Hätten wir wenigstens eine Abschreckungsmacht, deren Einsatz dem Gegner einen sicheren, kalkulierbaren Schaden androhte, von dem wir wissen, daß er ihm zu hoch sein wird, so müßte es wiederum leichtfertig erscheinen, diese Abschreckungsmacht so zu reduzieren, daß das Risiko inkalkulabel würde. So ist unsere Lage aber nicht. Wer nun sicherheitspolitische Debatten in unserem Lande, zumal in Expertenkreisen, in den vergangenen zehn Jahren verfolgt hat, ist in ihnen immer wieder dem Argument begegnet: »Dieser oder jener, vielleicht politisch erwünschte Schritt ist nicht möglich, weil er unsere militärische Sicherheit vermindert.«

Dieses Argument beruht wesentlich darauf, daß man in der Analyse unserer militärischen Situation auf halbem Wege stehen zu bleiben pflegt. Man erkennt, daß unser militärischer Schutz, rein militärisch betrachtet, unzureichend ist. Ohne der Ursache auf den Grund zu gehen, fürchtet man, er werde weiter vermindert, wenn gewisse Elemente unserer Rüstung reduziert werden. In Wahrheit konserviert man dadurch nichts von einer Sicherheit, deren militärischer Grund, wie weiter oben erörtert, nur in der Ungewißheit des Risikos für den Gegner liegt, begibt sich aber der politischen Beweglichkeit, Rüstungsreduktionen als Angebote in Verhandlungen einzubringen. Akzeptiert man als Kriterium für die Wirkung von Rüstungsmaßnahmen die oben dargelegte politisch-militärische Realität, so eröffnet sich ein Spielraum, rüstungspolitische Entscheidungen als Mittel der politischen Friedenssicherung einzusetzen.

Die politische Tragweite dieses Prinzips kann nicht abstrakt vollständig beschrieben werden. Sie sei deshalb im folgenden an einer Reihe von tagespolitischen Problemen exemplifiziert. Diese Probleme sind:

1. Aufrechterhaltung der Präsenzstärke der amerikanischen Truppen in Europa.
2. Aufrechterhaltung der Formalstärke der Bundeswehr gegliedert in 12 Divisionen.
3. Vereinbarungen über wechselseitige gleichgewichtige Truppenreduktionen in Europa (mutual balanced force reduction).
4. Die Wehrpflicht in der Bundesrepublik, insbesondere nach der Aufhebung der Wehrpflicht in Großbritannien und später den Vereinigten Staaten.

Die vier Probleme hängen eng zusammen. Die Forderung, die derzeitigen Präsenzstärken der Bundeswehr und der amerikanischen Streitkräfte in Europa aufrecht zu erhalten, bzw. nur durch wechselseitige Vereinbarungen gleichzeitig mit denen der Sowjetunion zu reduzieren, wird einmal mit militärisch-strategischen Argumenten, die auf den offiziellen Annahmen über die Voraussetzungen und Wirkungen der derzeitigen Verteidigungsdoktrin beruhen, begründet.

So schreibt das »Weißbuch 1970«:

»Es kommt entscheidend darauf an, daß in Westeuropa konventionelle Streitkräfte in einem Umfang aufrecht erhalten werden, die der NATO die Möglichkeit belassen, auf alles außer einen vorsätzlichen Großangriff anders als nuklear zu reagieren: und die, wenn ein Angriff dieses Maßstabes erfolgen sollte, Zeit lassen für Verhandlungen über eine Beendigung des Konflikts und für Konsultationen unter den Verbündeten über den Ersteinsatz von Kernwaffen, falls die Verhandlungen fehlschlagen sollten. Im Augenblick reicht der Umfang der konventionellen Streitkräfte für diesen Zweck gerade aus.«[38]

Die Forderungen beruhen also insoweit auf denjenigen Annahmen, die wir in unserer Studie unseres Erachtens falsifiziert haben.

Die Aufrechterhaltung der Papierstärke und Gliederung der westdeutschen Streitkräfte wird[39] außerdem aber auch mit außenpolitischen Argumenten, in erster Linie mit dem Ziel der Aufrechterhaltung der amerikanischen Präsenzstärken begründet. Die amerikanischen Präsenzstärken werden wiederum in den Vereinigten Staaten mit einer Reihe von Gründen angegriffen. Ihren vorläufigen Höhepunkt fand die Auseinandersetzung in der Senatsberatung über den Mansfield-Antrag. Der Antrag sah vor, die Regierung der Vereinigten Staaten zu zwingen, die amerikanischen Kontingente in Europa bis 1972 um 50% auf 150 000 Mann zu reduzieren.[40]

Hauptargument der Verteidiger der derzeitigen Präsenz-

38 »Weißbuch 1970«, S. 28. Vgl. die Kritik an einer solchen Strategie, die dem Gegner unterstellt, Angriffe des Maßstabes führen zu wollen, für die die eigenen Streitkräfte gerade ausreichen in der Studie »Kriegsfolgen und Kriegsverhütung«, S. 299 ff.

39 Vgl. z. B. Minister H. Schmidt, Bundestagsdebatte vom 12. 5. 1971. Bundestagsprotokoll 122. Sitzung, S. 7095/96.

40 Vgl. Die Welt vom 21. 5. 1971, S. 1/2. Der Spiegel, Heft 22/71 S. 18 schreibt über das Ergebnis der Abstimmung: »Pyrrhus-Sieg. Nixons Erfolg bei der Abstimmung über den Rückzug von US-Truppen aus Europa ist im Grunde eine Niederlage. Zwar blieb der demokratische Fraktionschef im Senat, Mike Mansfield, mit seiner Forderung, die Truppen bis zum Jahresende von 300 000 auf 150 000 zu verringern, bei 36 Ja- und 61 Nein-Stimmen klar in der Minderheit. Aber: 24 andere Senatoren stimmten in fünf abgemilderten Anträgen gleichfalls für eine Verringerung der Truppenpräsenz auf dem alten Kontinent – somit votierten 60 der 100 US-Senatoren grundsätzlich für den Abzug.«

stärken in dieser Debatte war, daß eine amerikanische Reduktion eine europäische Reduktion nach sich ziehen würde. Die Hauptfunktion der amerikanischen Präsenzstärke wird es so, die Bundesrepublik zur Aufrechterhaltung ihrer Präsenzstärke zu veranlassen. Die Hauptfunktion der Aufrechterhaltung der Präsenzstärke der Bundeswehr ist die Erhaltung der amerikanischen Präsenzstärke.[40a] Die Funktion der Wehrpflicht in diesem Zusammenhang ist, die Präsenzstärke der Bundeswehr zu ermöglichen. Da die NATO-Partner sich wechselseitig die Aufrechterhaltung von Präsenzstärken zugesichert haben, können diese wechselseitigen Forderungen auch in der Form vorgebracht werden, sie seien zur Erfüllung der Bündnisverpflichtungen notwendig. Neben diesen Zweck tritt sowohl bei den Vereinigten Staaten als auch bei der Bundesrepublik die Absicht, die Sowjetunion zu Vereinbarungen über »gegenseitige ausgewogene Truppenreduzierungen in Europa« zu veranlassen.[41]

Abwehren sollen die Forderungen also eine Truppenreduktion um 50% bei den amerikanischen Streitkräften in Europa und nicht genau bezifferte Reduktionen der Formalstärke der Bundeswehr, die maximal wohl in der gleichen Dimensionen liegen würden.

Die Besorgnis, derartige Reduktionen würden unsere Sicherheit entscheidend gefährden, stützt sich unserer Ansicht nach nur auf das dumpfe, schwer analysierbare Gefühl »mehr wäre besser«, findet aber in der realen Begründung unserer Abschreckungsstrategie auf dem für Freund und Feind gleichermaßen inkalkulablen Risiko keine Rechtfertigung. Der Schein einer solchen Rechtfertigung ensteht nur, wenn man aus dem Arsenal der gegnerischen Möglichkeiten (»capabilities«) einen bestimm-

[40a] Über die Standpunkte auch innerhalb der US-Administration vgl. z. B. Helga Haftendorn in »Europäische Sicherheitskonferenz«, Leske Verlag 1970, S. 30 und 34 ff.

[41] Die Sowjetunion hat ihr Interesse an solchen Reduktionen bekundet. Vgl. z. B. Südd. Zeitung vom 19./20. 5. 1971, S. 1.

ten Ausschnitt herausblendet, dessen Einsatz man für »am wahrscheinlichsten«[42] deklariert und diesen Prozentsatz so definiert, daß die derzeit vorhandenen NATO-Truppen gerade ausreichen, diesem Einsatz zu begegnen. In diesem Fall sind weniger NATO-Truppen per definitionem zu wenig. Doch ist ein solches Vorgehen kein Beweis, sondern eine petitio principii.

Genau die dem Gegner bekannte Größe unserer Streitkräfte wird ihn davon abhalten, einen Angriff, falls er ihn überhaupt führen will, mit einem Einsatz zu führen, der zur Überwindung dieser Streitkraft zu klein ist. Der Wahrscheinlichkeitsansatz, der gerade die bisherige Bemessung unserer Streitkräfte rechtfertigen soll, ist also eo ipso falsch.

Auch für das zweite Ziel, auf die Präsenzstärke der sowjetischen Truppen durch Verhandlungen Einfluß zu nehmen, ergibt sich kein militärisches Argument. Mutual balanced force reductions (MBFR), d. h. wechselseitige ausgewogene Reduktionen, die von einem Ausgangspunkt gezeichnet werden, der selbst gar kein Gleichgewichtspunkt ist, sind einmal äußerst schwer zu definieren. Zum anderen ergibt sich ein militärisch relevanter, qualitativer Unterschied nur, wenn man eine so starke Reduktion der sowjetischen Truppen aushandeln könnte, daß das bestehende Ungleichgewicht abgebaut und in ein Gleichgewicht überführt würde. Das aber wäre keine »balanced reduction«, sondern eine Verschiebung der Machtbalance. Und um eine solche Verschiebung der Balance zu Ungunsten der Sowjetunion auf dem Verhandlungswege für extrem unwahrscheinlich zu erklären, braucht man nicht einmal von einem potentiellen Ausdehnungswillen der Sowjetunion auszugehen (imperialistische Politik). Es genügt vielmehr, die Annahme einzuführen, daß die Sowjetunion eine konservative Status quo Politik verfolgt.

42 Vgl. »Verteidigungsweißbuch 1969«, S. 17/18.

Ergibt sich so weder für die Aufrechterhaltung der exakten Präsenzstärken der NATO noch für MBFR ein verteidigungspoltischer Zwang, ist zu fragen, welchen Stellenwert diese Größen haben, wenn man die reale Sicherheitssituation zugrunde legt. Diese Situation haben wir skizziert:

Für kleine Grenzübergriffe sind Abwehrmittel vorhanden. Für den »großen Krieg« zwischen der Sowjetunion und den Vereinigten Staaten mit oder ohne Angriff in Europa scheint die Abschreckungssituation zwischen den Großmächten noch stabil.

Für den Bereich »dazwischen« gibt es keine Abschreckungsstrategie ohne innere Widersprüche. Es bleibt aber die abschreckende Wirkung eines für Freund und Feind unkalkulierbaren Risikos.

Das richtige Kriterium, das allen drei Fragen zugrunde gelegt werden muß ist also: Inwieweit reduziert eine solche Herabsetzung der Präsenz bzw. Formalstärke konventioneller Truppen dieses für Freund und Feind unkalkulierbare Risiko?

Ein unkalkulierbares Risiko »wissenschaftlich« zu kalkulieren und einem »neuen unkalkulierbaren Risiko« gegenüber zu stellen, ist offensichtlich nicht möglich. Das heißt aber, es läßt sich nicht beweisen, daß eine bestimmte Reduktion der NATO-Truppen, z. B. um 50 Prozent, dieses für beide Seiten unkalkulierbare Risiko mindert. Es läßt sich aber ebensowenig beweisen, daß eine solche Reduktion das Risiko für beide Seiten erhöht. Es lassen sich allenfalls Gründe finden, die in einem nicht näher quantifizierbaren Maß für die eine oder die andere Auffassung sprechen.

Denn, daß so reduzierte NATO-Kontingente schneller gezwungen wären, die »nukleare Komponente« ins Spiel zu bringen, kann man einmal dahingehend interpretieren, daß das Risiko für beide Seiten wächst – und beide Seiten daher stärker abgeschreckt werden, sich auf ein gefährliches Spiel einzulassen. Zu dieser Interpretation kommt man dann, wenn man in erster Linie den Effekt sieht, den ein für beide Seiten unkalkulierbares Risiko beim *Gegner* erzielt.

Man kann aber auch annehmen, daß das für beide Seiten unkalkulierbare Risiko gemindert wird. Zu diesem Schluß kommt man, wenn man sich vorstellt, daß der Gegner gegen geschwächte eigene Truppenkontingente leichter und schneller Erfolge erzielen kann, und wenn man bezweifelt, daß es glaubhaft ist, daß die NATO in solchen Fällen bereit sein würde, Kernwaffen einzusetzen. Diese Annahmen lassen sich begründen, wenn man in erster Linie die Abschreckungswirkung sieht, die das unkalkulierbare Risiko für uns selbst, für den mit der Eskalation Drohenden also hat.

So wird klar, daß nicht einmal genau gesagt werden kann, ob eine Erhöhung oder eine Verminderung des für beide Seiten unkalkulierbaren Risikos »besser« oder »schlechter« ist. Natürlich findet eine solche Unkalkulierbarkeit des unkalkulierbaren Risikos dort ihre Grenze, wo die Truppenreduktion so weit geht, daß das Risiko als extrem gering *kalkuliert* werden kann. Ein Beispiel hierfür wäre eine Reduktion der amerikanischen Streitkräfte in Europa auf ein symbolisches Kontingent.

Aber auch bei nicht ganz so extremen Reduktionen wäre zu berücksichtigen, daß sehr weitgehende Reduktionen (z. B. auf eine amerikanische Divison) von der Gegenseite zu Recht oder Unrecht als Zeichen dafür gewertet werden könnten, daß die Erhaltung des Status quo in Europa von den Vereinigten Staaten nicht mehr als lebenswichtiges Interesse betrachtet wird. Schwieriger ist schon die Frage zu beantworten, inwieweit sehr drastische Reduktionen der Streitkräfte der europäischen Nato-Partner die unkalkulierbare Abschreckungsdrohung aushöhlen würden.

Hält man Abschreckungsdrohungen in Europa überhaupt für glaubhaft, so wird man als Resultat daher nur feststellen können, daß Truppen-Reduktionen die Strategie auf der Skala zwischen rein konventioneller Verteidigung und rein nuklearer Abschreckung ein wenig verschieben. Sie arbeiten also auf einer Skala, auf der es keine in sich widerspruchsfreien Lösungen für das Sicherheitsproblem der Bundesrepublik gibt. So gibt es auch keine eindeutige Bewertung, nach der einer der beiden Situationen für alle denkbaren Fälle der Vorzug eingeräumt werden müßte.

Neben militärisch demnach nicht zu verifizierende Vor- oder Nachteile einer »einseitigen« oder »wechselseitigen« Truppenreduktion in Europa treten aber nun politische Effekte, die zu wägen wären und von denen die Entscheidung allein abhängig gemacht werden muß, wenn militärische Kriterien für eine Entscheidung u. E. nachweisbar nicht vorhanden sind. Solche politische Wirkungen sind u. a.:

Die Forderung nach der Aufrechterhaltung der amerikanischen Präsenzstärke in Europa strapaziert die amerikanische Finanzkraft. Die Überforderung der amerikanischen Finanzkraft wiederum schwächt den US-Dollar, trägt dazu bei, notwendige Reformen in der amerikanischen Gesellschaft zu verhindern (z. B. Slum-Sanierungen) und unterminiert so die Stabilität der amerikanischen Gesellschaft. Stabilität dieser Gesellschaft aber ist erste Voraussetzung für jede längerfristige Abschreckung, die sich auf die militärischen Mittel der Gesellschaft der Vereinigten Staaten stützt.

Die natürliche Reaktion der Vereinigten Staaten ist der Versuch, die Kosten auf die Bundesrepublik zurückzuwälzen. Dieser Versuch ist in der Vergangenheit stets bis zu einem gewissen Grad erfolgreich gewesen. Neben reinen Unterhaltsleistungen und Devisenausgleichszahlungen mußte die Bundesrepublik Lasten übernehmen, die über den Zahlungsbereich hinausgehen: Solche Lasten waren u. a.: die Verpflichtung zum Kauf amerikanischen Kriegsmaterials über den eigenen Bedarf hinaus[43] und – am schwerwiegendsten – die Stützung des Dollars und damit verbunden die Finanzierung des amerikanischen Defizits, entstanden aus Vietnam-Krieg, Aufkauf europäischer Industrien und NATO-Verpflichtungen, die wiederum – zum Teil auf deutschen Wunsch – nicht reduziert werden konnten.[44]

Der damit verbundene Import der Inflation brachte die Bundesrepublik an den Rand der Krise.[45] Eine Krise schwächt aber gerade das Element, auf das sich ein psychologisches Faktum wie die Abschreckung mit stützen muß: die Stabilität unserer eigenen Gesellschaft.

Hinzu tritt die Unfähigkeit der sozial-liberalen Regie-

[43] So in letzter Zeit der Kauf von 200 Phantom-Flugzeugen anstelle der zunächst beabsichtigten 80.

[44] Vgl. das Blessing-Interview im Spiegel Nr. 19, S. 82, 1971.

Blessing: ... Da kam der Vietnamkrieg, dann kam der Präsident Johnson mit seiner Finanzpolitik, mit einem 25-Milliarden-Dollar-Budget-Defizit damals in einem Jahr. All das waren die Gründe für die Inflation. Ich habe zu meinen amerikanischen Kollegen oft gesagt: Es geht ja immer weiter bei euch. Dann kam die Geschichte mit den Truppen. Frage: Sie meinen die Drohung der Amerikaner: Wenn ihr den Dollar nicht auf diese Weise stützt, ziehen wir die Truppen aus der Bundesrepublik zurück?

Blessing: Es war nie eine ausgesprochene Drohung, aber die Drohung war immer im Hintergrund da. Der frühere Hochkommissar MCloy war einmal bei der deutschen Regierung und sagte: »Hören Sie mal, wir haben jetzt eine Senatsentscheidung gehabt; da kommt demnächst eine Mehrheit, daß wir unsere Boys zurückziehen. Wir müssen was tun.«

Blessing antwortete darauf: »Sie haben gesehen, daß wir vernünftig sind und nicht unsere Dollar in Gold konvertieren. Ich bin bereit, Ihnen das sogar schriftlich zu geben für eine gewisse Zeit.« Der Brief gilt leider heute noch, den ich damals geschrieben habe.

[45] Der Rücktritt des Finanzministers Möller im Frühsommer 1971 macht diesen Punkt deutlich. Er wurde u. a. auch mit den Forderungen des Verteidigungsressorts begründet.

Die überproportionale Steigerung der Verteidigungsausgaben im Haushalt 1972 fällt zusammen mit der Unfähigkeit, ein Finanzprogramm für die wichtigsten Reformen aufzustellen. (Vgl. hierzu die CDU-Anfrage vom 22. 9. 1971 – vgl. dazu auch Südd. Zeitung vom 23. 9. 1971, S. 6.)

rung, als notwendig erkannte Reformen durchzuführen und zu finanzieren. Nun soll keineswegs das billige Argument angeführt werden, daß allein die Wehrkosten dieses Dilemma verursachen. Neben einen Verteidigungsetat, der einschließlich Wehrforschung etwa 26 Milliarden DM umfaßt, treten jährliche Subventionen und Steuerverzichte in Höhe von etwa 30 Milliarden DM.[46] Jede dieser Summen und Subventionen dient mehr oder weniger effektiv einem politischen Ziel. Sie dienen darüberhinaus aber auch Gruppen von Interessenten. Die Nicht-Verlagerung solcher Steuerungsmittel auf angeblich als vordringlich erkannte Ziele: Umweltschutz, Erziehung, Bildung, Städtesanierung, städtischen Verkehr usw. bedeutet daher nicht, daß Mittel fehlen, sondern daß wegen des Drucks der Interessenten die verbal proklamierten Ziele in der politischen Realität nicht die Priorität erhalten. Ein endgültiges Versagen der Reformpolitik aber wiederum würde die Chancen gefährden, eine »Ostpolitik« treiben zu können, von der dieselbe Regierung nicht ohne Grund annimmt, daß sie die Kriegswahrscheinlichkeit in Europa herabsetzen würde.

Die politischen Kosten werden sich extrem steigern, wenn darüber hinaus das Wehrpflichtprinzip selbst in die Schußlinie kommt, wie Bundesverteidigungsminister H. Schmidt mehrfach betonte.

Was schließlich den politischen Wert einer mit der Sowjetunion ausgehandelten »ausgewogenen« gegenseitigen Truppenreduktion der NATO und des Warschauer Pakts betrifft, so hängt dieser Wert vor allem von den Prämissen ab, unter denen man diesen Faktor bewertet:

Zunächst sei der Effekt der »Mittelfreisetzung« betrachtet:

Auch die Sowjetunion braucht dringend Mittel für zivile Zwecke: Aufbau der Industrie, der Infrastruktur, des

[46] Vgl. Subventionsbericht der BRD.

Wohnungsbaues usw. Sie benötigt aber auch Mittel für: ABM-Systeme, Unterseebootflotten für Fernraketen, Angriffsmittel wie MIRVs, U-Boot-Abwehr, für konventionelle Flottenstreitkräfte im Mittelmeer usf. Die Freisetzung von Mitteln durch Truppenreduktion in Europa kann jedem dieser Faktoren zugute kommen. Es steht weder fest, ob diese Mittel in den zivilen Bereich gehen oder in den militärischen, noch gibt es verläßliche Kriterien, ob ein bestimmter Übergang den Interessen der Bundesrepublik dient oder konträr ist. Steigerung der zivilen Produktion kann die Sicherheit in Europa durch Konsolidierung erhöhen oder die Sowjetunion zu dominierenderem Auftreten verleiten. Argumente dieser Art waren z. B. maßgeblich an der Begründung des »Röhrenembargos« beteiligt. Verwendung der freiwerdenden Mittel im militärischen Bereich mag der Aufrechterhaltung stabiler strategischer Lagen dienen – und damit auch im Interesse der Bundesrepublik sein – mag aber auch zum Aufbau von Potentialen dienen, die gewollt oder auch ungewollt zur Instabilität führen. Keines dieser Ergebnisse ist also beweisbar; ein belegbares Interesse an der Wechselseitigkeit von Streitkraftreduzierungen, das dem belegbaren Interesse der BRD an Stabilität und Reform in unserer Gesellschaft entgegengesetzt werden könnte, existiert also nicht.

Weder aus der militärischen Lage, noch aus dem Argument, durch wechselseitige Truppenreduzierungen sei die Sowjetuntion zu einer friedlichen Verwendung ihrer Mittel zu veranlassen, läßt sich also die Forderung, Truppenreduzierungen nur wechselseitig zuzulassen, begründen. In soweit ergibt sich bisher also, daß einseitige Reduktionen, soweit politisch verfügbar sein sollten, wie sie eine NATO-Struktur aufrechterhalten, die für Übergriffe durch die Sowjetunion ein unkalkulierbares Risiko darstellt.

Es bliebe dann der Sowjetunion überlassen, von ihren

Interessen aus selbst zu kalkulieren, ob sie ebenfalls reduzieren will oder nicht. Der Ausgang dieser Kalkulation mag Aufschlüsse über die Interessenauffassungen der sowjetischen Führung geben (nicht einmal das ist aber sicher).

Um bei dieser Interessenlage der Bundesrepublik eine Entscheidung über die vier aufgeführten Probleme zu begründen, müssen daher zusätzliche Annahmen eingeführt werden:

1. Man kann die wechselseitige Selbstfesselung der USA und der Bundesrepublik zur Aufrechterhaltung der gegenwärtigen Präsenzstärken selbst als einen Zweck ansehen. Das damit angestrebte Ziel wäre die Aufrechterhaltung einer klaren Konfrontation der Blöcke in Europa. In der Fortdauer dieser Konfrontation haben in den vergangenen 20 Jahren manche westliche Politiker die sicherste Garantie für die Fortdauer der inneren Einigkeit im eigenen Lager, damit für die eigene Stärke und damit für die Kriegsvermeidung gesehen. Ähnliche politische Ziele sind natürlich auch im Lager des Warschauer Pakts bekannt; sie werden dort u. a. als Forderung nach »ideologischer Wachsamkeit« vorgebracht. Im Rahmen dieser Denkweise wird die Forderung, Truppenreduktionen dürften nur gegenseitig und ausgewogen sein, geradezu zum Instrument einer Verhinderung eigener Truppenreduktionen. Sie übernimmt damit die Rolle, die vor etwa 5 Jahren die Argumente spielten, die gegen jede, auch wechselseitige Truppenreduktion in Europa gerichtet waren (vgl. die Diskussion über einige Rapacki-Vorschläge). Es ist leicht, die durch rein militärische Erwägungen nicht objektiv entscheidbaren Anforderungen an die »balanced reduction« dann so zu formulieren, daß sie für die Gegenseite unannehmbar werden.

2. Eine (fast) konträre Zielsetzung liegt vor, wenn man als primäres Ziel das politische Faktum einer Vereinbarung über »MBFR« ansieht. In einer solchen Politik liegt der Akzent also weder auf der Aufrechterhaltung der Truppenstärke noch auf deren gleichmäßiger Reduktion, sondern auf dem Wert der Vereinbarung mit der Sowjetunion. Ein solcher Wert ergibt sich, wenn man die Annahme einführt, eine Sicherung des Friedens lasse sich durch eine Vielzahl von Vereinbarungen schrittweise durchführen (Gradualistisches Konzept).[47]

Der Abschluß jedes einzelnen Vertrages hat dabei einerseits den Zweck, beiden Seiten wechselseitig die Kooperationsbereitschaft deutlich zu machen. Die Entwicklung eines solchen Netzes kooperativer Verträge soll andererseits zu einer langsamen Umwandlung des Verständnisses von den eigenen Interessen in Richtung auf kooperative Interpretationen dienen. Dabei ist nicht überraschend, daß solche Vereinbarungen in den Anfangsstadien zunächst nur dort zustande kommen, wo die unmittelbare – z. B. militärische – Relevanz der Substanz des Übereinkommens gering oder null ist. Beispiele solcher Verträge sind:

- Der Teststopp-Vertrag
- Der Non-Proliferation-Vertrag (militärisch kein konträres Interesse zwischen der Vereinigten Staaten und der Sowjetunion)
- Der Vertrag über das Verbot der Stationierung von Kernwaffen im Weltraum
- Der Vertrag über das Verbot einiger militärischer Nutzungen des Meeresbodens
- Der Vertrag über die Entmilitarisierung der Antarktis.

Unter diesem Aspekt würde gerade die militärische Irrelevanz einseitiger Truppenreduktionen und die weitgehende Unkalkulierbarkeit des politischen Nutzens einer Reduktion auch auf Seiten der Sowjetunion einen Ver-

47 Vgl. A. Etzioni, »Der harte Weg zum Frieden«.

trag über »MBFR« für den hier diskutierten Zweck attraktiv machen.

Stellen wir nun die beiden Positionen 1. und 2. nebeneinander, so ist nicht gewiß, ob eine von beiden ihr Ziel erreicht.

Zu 1.: Es ist wahr, daß die präzise Konfrontation der Blöcke in Europa, die ein Merkmal der Ära des kalten Krieges war, nicht in den heißen Krieg umgeschlagen ist. Es ist aber zweifelhaft, ob das Interesse der USA, eine hohe Präsenz in Europa aufrechtzuerhalten, die gegenwärtige Erosion älterer Positionen in der kritischen Selbstprüfung viel länger überleben wird als z. B. die Abwehr der Mitgliedschaft Pekings in den Vereinigten Nationen. Es ist daher für die Bundesrepublik eine Politik von fragwürdigem Nutzen, die Basis des heutigen militärischen Systems in Europa, nämlich die Abschreckung durch beiderseits inkalkulierbares Risiko, mit der logisch nicht daraus folgenden, vielleicht nicht mehr lange aufrechterhaltbaren Forderung, die weitgehend zufälligen derzeitigen Präsenzstärken aufrechtzuerhalten, zu koppeln.

Zu 2.: Die Entspannungs- und Normalisierungswirkung politischer Vereinbarungen über materiell nicht entscheidende Sachfragen ist sicherlich oft ein wertvolles politisches Mittel, aber kein Selbstzweck. Insbesondere ist die Dauer der Normalisierungswirkung selbst wieder davon abhängig, welche politischen Schritte folgen. Entscheidend ist schließlich, ob es gelingt, in Europa von einer Konfrontation zwischen Ost und West zu einer Kooperation überzugehen oder nicht. Es ist leicht, das theoretische Interesse aller europäischen Völker an der Kooperation herauszustellen. Wieviel schwerer es ist, von der theoretischen Erkenntnis zur praktischen Realisierung überzugehen, zeigen die langwierigen Verhandlungen zwischen der Bundesrepublik, der Sowjetunion, Polen und der DDR, sowie die Berlinverhandlungen der vier

Siegermächte. Haupthindernis dieser Kooperationsbemühungen ist die unterschiedliche sozio-ökonomische Struktur in Ost- und Westeuropa, die wechselseitige Organisation in antagonistischen Blöcken zur Bewahrung dieser Struktur, die wechselseitige Furcht vor Versuchen der Gegenseite, »Revolution oder Gegenrevolution« zu exportieren und – last but not least – die Furcht vieler Staaten in West- und Osteuropa, die Sowjetunion als weitaus stärkster europäischer Staat könnte sich in die inneren Angelegenheiten anderer Länder mischen, sei es in der nicht unbekannten Form indirekten Drucks, sei es gar – wie 1968 in der CSSR – durch militärische Intervention (»Brüderliche Hilfe«).

Optimierungskriterium für alle – militärisch offenen – Maßnahmen auf dem Rüstungssektor muß daher sein: Inwieweit baut eine Maßnahme die Gründe der Konfrontation ab, das Interesse an der Kooperation auf? Lassen sich durch Vereinbarungen über Truppenreduktion, über Truppenstationierungen und über Informationsaustausch die wechselseitigen Befürchtungen abbauen? Welche eigene Maßnahme kann welche – begründete oder unbegründete – Befürchtung reduzieren? Welche gegnerischen Maßnahmen würde man als Indiz für kooperative gegnerische Absichten besonders begrüßen?

Der Aufbau eines gemeinsamen Gremiums aller beteiligten Staaten (einschließlich der USA) zur ständigen Diskussion dieser Fragen kann ein wertvoller erster Schritt zum wechselseitigen Aufbau von Vertrauen sein. Aber ehe ein Netz von wechselseitig vorteilhaften Verflechtungen geknüpft ist, das einen hohen Wert für *alle* Beteiligten besitzt und dessen Wert so die beste Abschreckung gegen Verletzungen der Kooperation durch einen übermächtigen Partner wäre, werden Jahre vergehen. Jedes Durchsetzen der eigenen nationalen Interessen gegenüber kleineren Nationen kann das gesamte aufgebaute Vertrauen über Nacht zerstören. Nur die Anerkennung der derzeitigen stabilisierenden Funktion der Blöcke und Schritte zum langsamen Abbau der Konfrontationsmittel, verbunden mit dem Abbau der Konfrontation selbst, können schließlich zum Vertrauen in die gegenseitige Kooperationswilligkeit und Fähigkeit führen. Erst am Ende dieser Entwicklung kann dann die Auflösung der zur Sicherheit der konfrontierten Blöcke gebildeten Instrumente in Betracht gezogen werden. Verhandlungen über Truppenreduzierungen und -begrenzungen in Europa sind in diesem Licht zu sehen, zu bewerten und zu nutzen.

Wir weisen schließlich auf eine Frage hin, die jenseits der aktuellen Entscheidungen der Rüstungspolitik liegt. Wir haben im bisherigen Text die Freiheit und Unabhängigkeit der Bundesrepublik, in Übereinstimmung mit den Weißbüchern, als das Verteidigungsziel angesprochen. Nun schränken die Realitäten der modernen Welt den Sinn des Begriffs der nationalen Unabhängigkeit in wachsendem Maße ein. Die Abhängigkeit der kleineren Partner eines Bündnisses von der Hegemonialmacht ist im Warschauer Pakt manifest, aber auch in der NATO eine Realität. Das langsam zusammenwachsende westliche und zentrale Europa macht die Überwindung gewisser wesentlicher Züge nationaler Unabhängigkeit geradezu zum angestrebten Ziel. Was wir eigentlich zu verteidigen wünschen, ist eine freiheitliche Gesellschaftsordnung und – wenn wir ehrlich sind – den angewachsenen Wohlstand. Ob diese Werte dieselbe Sicherheitspolitik erfordern wie das klassische Ideal nationaler Unabhängigkeit, ist, wenn wir richtig sehen, in der offiziellen Verteidigungsplanung bisher nicht gefragt worden.

Diese Frage, zusammen mit den Widersprüchen im bestehenden Abschreckungssystem, hat sowohl militärische wie nicht-militärische Denker veranlaßt, Weisen der Selbstbehauptung ernsthaft zu prüfen, die außerhalb unserer offiziellen militärischen Tradition liegen.

Ohne Identifikationen mit irgendeiner solchen Form

seien in diesem Zusammenhang als Untersuchungsbeispiele zwei Verteidigungsformen genannt, die wir in unserer Studie nicht untersucht haben:

I. die Guerilla-Verteidigung (als Beispiel für eine neue militärische Verteidigung),

II. die soziale Verteidigung (als Beispiel für gänzlich neuartige Verteidigungsstrategien).

Die Guerilla-Verteidigung kennt eine Reihe teils erfolgreicher historischer Vorbilder. Das bekannteste ältere Beispiel ist wohl der Kampf der spanischen Guerilla gegen Napoleon (1809 bis 1813), von dem auch der Name dieser Verteidigungsform abgeleitet wird. Der Kampf der russischen und der jugoslawischen Partisanen im zweiten Weltkrieg, der chinesische Bürgerkrieg und der Krieg in Vietnam sind hervorragende Beispiele aus der jüngsten Zeit.[48]

Der Begriff »soziale Verteidigung« scheint sich für alle Widerstandsformen durchzusetzen, die nicht auf dem Einsatz militärischer oder halbmilitärischer Gewalt beruhen.[49]

Beispiele einer solchen Verteidigung bieten Teile des indischen Unabhängigkeitskampfes, Widerstandshandlungen in Norwegen während des 2. Weltkrieges und der

[48] Vgl. Joachim Schickel (Herausgeber), »Guerilleros, Partisanen, Theorie und Praxis«. Reihe Hanser 42, München 1970.

[49] Theodor Ebert, »Soziale Verteidigung – eine Alternative zur Vorwärtsverteidigung?« Ein Forschungsbericht. In: Gewerkschaftliche Monatshefte, 18. Jg., Heft 2, Februar 1967, S. 75–88.

Adam Roberts (Ed.), »The strategy of civilian defense. Non violent resistance to agression«. London 1967.

Gene Sharp, »Das politische Äquivalent des Krieges – die gewaltlose Aktion«, in: Ekkehard Krippendorff (Hrsg), »Friedensforschung«, Köln 1969, S. 477–413.

Wolfgang Sternstein, »Die Lehren von Prag. Der gewaltlose Widerstand in der Tschechoslowakei als Modell«, Gewerkschaftliche Monatshefte, 19. Jg., Heft 11, November 1968, S. 641–648.

Vereinigung Deutscher Wissenschaftler, »Civilian Defense. Gewaltloser Widerstand als Form der Wehrpolitik«, Tagungsbericht, Gütersloh, 1969. Soziale Verteidigung (Tagungsbericht). In: Gewaltfreie Aktion, H. 9/10. 1971.

Widerstand in der CSSR gegen die sowjetische Okkupation 1968.

Es ist offensichtlich, daß weder die Guerilla-Verteidigung noch die soziale Verteidigung die Integrität des Staatsgebietes gewährleisten können. Legt man die im Verteidigungsweißbuch 1970 postulierten Ziele zugrunde, müßten beide Verteidigungsformen daher aus dem Kreis der zu betrachtenden Mittel ausscheiden. Doch verliert dieser Einwand sofort an Gewicht, wenn man sich vergegenwärtigt, daß die Unversehrtheit der Bundesrepublik auch mit den bisher behandelten militärischen Verteidigungsmitteln nicht gesichert werden kann. An die Stelle des Territoriums als Schutzobjekt tritt bei beiden hier behandelten Widerstandsformen primär die soziale Ordnung, die vom Okkupanten unabhängige Gestaltung der Lebensbedingungen, die Selbstregierung. Das schließt nicht aus, daß beiden Widerstandsformen als Fernziel vorschwebt, dem Okkupanten die Okkupation so zu verleiden, daß er sich eines Tages wieder zurückzieht.

Beide Widerstandsformen unterscheiden sich untereinander durch die Mittel, die im Kampf gegen die Invasoren angewandt werden. Gemeinsam ist ihnen dabei, daß der Widerstand kaum befohlen und kaum erzwungen werden kann. Die Folge ist, daß beide Widerstandsformen – wenn auch in unterschiedlichen Graden – vom Willen der Bevölkerung getragen werden müssen. Sie stellen damit im Gegensatz zum modernen nuklearen Krieg, bei dem der Wille der Bevölkerung keine Rolle mehr spielt[50], wahrhaft »demokratische« Widerstandsformen dar (Plebiscite de tous les jours)[51].

Doch in dem Maße, in dem sich diese Widerstandsformen dem Idealbild der »täglichen Volksabstimmung« nä-

[50] P. Gallois, »Der paradoxe Frieden«.

[51] So für die Guerilla-Verteidigung S. Haffner in: »Mao tse-tung. Theorie des Guerilla-Krieges«, Rowohlt-Taschenbuch 1966, S. 22.

hern, d. h. auf Terror physischer oder psychischer Art gegenüber Kollaborateuren verzichten, entwickeln sie ein Element der Schwäche: Während die militärische Verteidigung zumindest die Produkte der zivilen Arbeit auch der kriegsunwilligsten Bürger zur Verstärkung des eigenen Kriegspotentials nutzt, zählen besonders für die soziale Verteidigung nur die zum Widerstand noch Entschlossenen. Es ist eine offene Frage, unter welchen Bedingungen überwiegende Teile einer Bevölkerung in hochzivilisierten Gesellschaften ohne Hilfe von außen ihren Widerstandsgeist über lange Zeiten im täglichen Leben bewahren können.

Weiter stellt die Empfindlichkeit der modernen Industriegesellschaft gegen Störungen die Tauglichkeit beider Verteidigungsformen für hochentwickelte Nationen infrage. Haffner, der im Volkskrieg (Guerilla-Krieg) ein taugliches Mittel wenig entwickelter Gesellschaften gegen Weltherrschaftsansprüche entwickelter Nationen sieht, schreibt hierzu:

»Die Zivilbevölkerung, die den Volkskrieg tragen soll, hält den Zivilisationsstreik, den er voraussetzt, erst recht nicht durch. Sollte aber, was fast unvorstellbar ist, eine zum äußersten entschlossene und mit extremen Machtmitteln ausgestattete revolutionäre Führung doch einen solchen Zivilisationsstreik und eine solche Selbstzerstörung eine Zeitlang erzwingen, so käme die Wirkung voraussehbarerweise fast der eines Atomkrieges gleich: Für eine von der Technik völlig abhängig gewordene Bevölkerung bedeutet die plötzliche nachhaltige Lahmlegung des technischen Apparates, ohne den sie nicht mehr leben kann, so etwas wie Genozid; Hunger, Seuchen und Massentod wären die unvermeidlichen Folgen.«[52]

Vieles spricht für die Richtigkeit dieser Annahme. Offen bleiben muß aber insbesondere, inwieweit diese Thesen auch gegenüber der Widerstandsform der sozialen Verteidigung gelten, zu deren Grundlagen ein partieller

[52] Haffner, a. a. O., S. 31.

Zivilisationsstreik gehört (Verweigerung bestimmter Kooperationsformen).[53] [54]

Ein weiterer, unseres Erachtens gewichtiger Einwand gründet sich auf die Verlagerung des Widerstandes vom Soldaten auf die Zivilbevölkerung: Selbst diejenigen Völkerrechtsregeln zur Zähmung des Krieges, die den »technischen Fortschritt« überlebt haben, werden beiseite gedrängt. Doch muß gegenüber diesem Einwand andererseits gefragt werden, inwieweit angesichts der durch Massenvernichtungsmittel, wie Kernwaffen, in ihrer Existenz bedrohten Zivilbevölkerung die Regeln zur »Humanisierung des Krieges« der Zivilbevölkerung wirklich noch dienen.[55]

[53] Vgl. hierzu z. B. Theodor Ebert in: Die gewaltlose Aktion, Heft 1, 1970.

[54] Vgl. auch »Civilian Defense. Gewaltloser Widerstand als Form der Wehrpolitik«, a. a. O.

[55] Der Präsident des Deutschen Roten Kreuzes, W. Bargatzky, wies in seiner Rede zur 100. Wiederkehr der II. Internationalen Rotkreuzkonferenz auf die Inkongruenz der Normen und der Realitäten hin. Er zitierte ein Beispiel des Generaldirektors des Internationalen Komitees: »Wenn ein Soldat ... von einem Flugzeug aus, wie es heute so oft geschieht, seine Bombenlast auf bewohnte Städte (wirft) und tötet dabei Tausende von Müttern und Kindern, so bleibt er ... straflos, weil es keine Völkerrechtsnorm gibt, die dieses verbietet. Wird dieses Flugzeug dann abgeschossen und springt er mit dem Fallschirm ab und landet in derselben Stadt, so kann er für seine Person sogleich den Schutz der Genfer Konventionen in Anspruch nehmen.« Bargatzky fährt fort: »Sie müssen bedenken, daß wir, was die Schonung der Bürger in militärischen Konflikten angeht, noch ein völlig veraltetes und lückenhaftes Völkerrecht haben ...« Zitiert nach: Sonderdruck aus dem DRK-Zentralorgan, H. 6, 1969, S. 7.

B. Bei der Beurteilung jeder Politik hat der Beitrag zur Schaffung eines politisch gesicherten Weltfriedens die erste Priorität

Der Sinn dieser These ist – leider – weniger einfach als sie klingt:

Es sei zunächst hervorgehoben, daß wir von ihr in den vorangegangenen Betrachtungen über den Handlungsspielraum der Bundesrepublik keinerlei Gebrauch gemacht haben. Wir haben dort die Interpretation unserer nationalen Interessen, so wie sie heute herrschend ist, ungeprüft übernommen und nur gefragt, welchen Spielraum eine realistische Außen- und Rüstungspolitik hat, wenn man die innere Problematik des heutigen Sicherheitssystems berücksichtigt. Unser Ergebnis war, daß dieser Spielraum größer ist, als man meist denkt. Gleichwohl ist er beschränkt, denn er reicht nicht aus, das Weltsystem zu ändern. Daß eine solche Änderung aber notwendig ist, folgt aus dem Teil unserer Überlegungen, der sich auf die Welt als Ganze, vor allem auf die Konfrontation der Supermächte bezog (4. bis 7. These).

Was also ist der pragmatische Sinn der Behauptung von der Priorität des politisch gesicherten Weltfriedens vor allen andern Beurteilungskriterien einer Politik? Ihr Sinn ist nicht die Aufforderung, dem jeweiligen politischen Gegner in der Absicht der Entspannung möglichst weit entgegenzukommen. Wir sind freilich der Meinung, daß Entspannungspolitik notwendig und in gewissen Grenzen auch heute möglich ist. Aber die bloße Aufforderung zur Entspannungspolitik ruft den Einwand wach, man möchte doch diese Aufforderungen nicht an die eigene Seite, sondern an den Gegner richten. In der Ebene dieses Meinungsaustausches läßt sich das Problem des Weltfriedens nicht wirklich diskutieren. Um es etwas verschärft zu sagen: Die Haltung des kalten Krieges führt direkt, wenn auch langsam zu einer Situation, in der mit dem Übergang in den atomaren Weltkrieg gerechnet werden muß; aber bloß Entspannungsversuche durch gegenseitige Konzessionen zwischen den Weltmächten könnten sich sehr leicht als eine Kur am Symptom erweisen, die indirekt genau dieselbe kriegsschwangere Situation entstehen läßt. Wir haben in dem nachfolgenden Aufsatz »Drei negative Utopien« mit Hilfe der Szenario-Technik denkbare Entwicklungen ausgemalt, die zum Weltkrieg führen könnten.

Das heutige System der Großmächte ist nicht fundamental anders beschaffen, als es Großmachtsysteme in der Vergangenheit waren. In solchen Systemen besteht stets ein harter Kampf ums Dasein. Mit starken historischen Argumenten wird die Auffassung vertreten, ein Staat, der nicht das mögliche tue, seine Macht zu *steigern,* sinke auf der Skala relativer Macht zurück und werde nach einiger Zeit durch einen machtbewußteren Konkurrenten ersetzt. Macht man diese Auffassung zur Richtschnur der Politik (imperialistische Politik im Gegensatz zur status-quo-Politik[56]), dann ist der Konflikt im System perpetuiert. Nun haben in der Geschichte Staaten sehr oft eine solche Auffassung von Politik demonstriert. So entstand und entsteht ein latenter oder offener Konflikt um die Hegemonieposition.

Es kommt vor, daß ein Mächtesystem lange Zeit (im neuzeitlichen Europa jahrhundertelang) ein gewisses Gleichgewicht bewahrt. Es ist bisher in der Geschichte nicht vorgekommen, daß dieser Erfolg ohne immer wiederkehrende Kriege zwischen den Mächten erzielt worden ist (lokale Gleichgewichte, wie das zwischen den skandinavischen Nationen, sind ohne Krieg stabilisiert, weil ihre Teilhaber selbst keine Großmächte, aber von Großmächten umgeben sind). Die Gründe, welche einst die Staaten in den Krieg trieben, bestehen auch heute; sie

[56] Vgl. Morgenthau, »Macht und Frieden«, S. 81.

liegen im Wesen eines Mächtesystems. Die Hoffnung, ein solcher Krieg werde vermieden werden, kann sich heute nur auf ein Zusammenwirken mehrerer Faktoren stützen: die Übergröße der Gefährdung durch die modernen Waffen, das wachsende Bewußtsein der Menschheit von der Notwendigkeit eines Weltfriedens und damit eine neue Bewertung der eigenen Interessen eines Volkes. Eine Bewertung, die die Machtexpansion auch des eigenen Staates als auf die Dauer schädlich betrachtet.

Daß die Übergröße der Waffen allein eine dauerhafte Friedensgarantie nicht gibt und nicht geben kann, zeigen unsere Thesen. Das wachsende Friedensbewußtsein ist ein höchst wertvoller Faktor; aber er allein kann den Frieden ebenfalls nicht garantieren, wenn er nicht umgesetzt wird in konkrete Strukturen der Lösung und Begrenzung von Konflikten, also eben in einen *politisch garantierten* Weltfrieden. Das ist etwas völlig anderes als zeitweilig gute Beziehungen zwischen hochgerüsteten Mächten, die jeden Augenblick die politische Freiheit haben, einen Krieg zu beginnen, wenn er ihnen nötig oder opportun erscheint.

Suchen wir eine Garantie des Weltfriedens, so müssen wir uns Gedanken zuwenden, die in der heutigen Weltlage schlechthin utopisch sind, wie dem einer föderativen Weltregierung mit einem Kernwaffenmonopol oder der noch viel radikaleren Hoffnung einer Überwindung des Prinzips des zur Kriegführung berechtigten, nach momentaner Macht optimierenden souveränen Staates ohne die Garantie durch eine Weltregierung. Es ist nicht das Ziel der gegenwärtigen Studie, solche Möglichkeiten zu analysieren. Wir müssen es aber als unsere Überzeugung aussprechen, daß keine Regelung, die bescheidener ist, den Weltfrieden zu garantieren vermag. Die Hoffnung, mit einer geringeren Strukturänderung des Weltsystems auf die Dauer auszukommen, ist unserer Überzeugung nach eine Selbsttäuschung.

Wissen wir aber, daß wir diese große Strukturänderung heute nicht herbeiführen können, ja daß die politische Entwicklung des gegenwärtigen Jahrzehntes uns ihr nicht einmal näherbringt, so beginnen wir zum erstenmal das wahre Gesicht des Friedensproblems zu sehen. Unsere Analyse zeigt nämlich auf der anderen Seite, daß die Forderung eines *politisch garantierten* Weltfriedens keineswegs ein übertriebener Perfektionismus ist. Der heutige Zustand hat eine strukturell eingebaute Tendenz, instabiler zu werden. Kurzfristig bietet er einen gewissen Schutz, langfristig treibt er zum Krieg. Was wir mit den verfügbaren Mitteln der heutigen Politik erreichen können, ist Zeitgewinn. Zeitgewinn ist aber letzten Endes vergeblich, wenn die gewonnene Zeit nicht genutzt wird, um die heute unmögliche Strukturänderung jedenfalls vorzubereiten und in Gang zu setzen.

Damit kehren wir zur Formulierung der gegenwärtigen These zurück. Eine Politik, die auf die automatische Fortdauer des heutigen Weltfriedens – wenn man ihn so nennen darf – vertraut und unter diesem Schutz die Partikularinteressen der eigenen Nation, des eigenen Kontinents, der eigenen sozialen Klasse durchzusetzen sucht, ist ebenso üblich und natürlich wie heute unverantwortbar. Sie ist auf lange Sicht der schwerste Schaden, der den eigenen Interessen angetan werden kann, sie ist das fortgesetzte »russische Roulette«.

Was aber muß von einer Politik verlangt werden, die diese Kritik nicht verdienen soll?

Sie muß offenbar zweierlei leisten:

1. Sie muß zum Zeitgewinn beitragen.
2. Sie muß eine künftige grundsätzliche Änderung des weltpolitischen Systems erleichtern.

Diese beiden Forderungen sind bescheiden formuliert, vielleicht zu bescheiden. Um so entschiedener gilt, daß die Erfüllung wenigstens dieser Forderungen das erste Kriterium sein muß, das wir zur Beurteilung einer Politik benutzen.

Welche Politik erfüllt diese Kriterien? Man wird von einer Studie wie der unseren nicht verlangen, daß sie den großen konstruktiven Entwurf einer solchen Weltpolitik vorlegt. Wir besprechen nur ein fundamentales Problem. Es ist sicher korrekt zu sagen, eine Weltfriedenspolitik müsse mögliche Konfliktherde ausräumen. So ist es natürlich, daß sie sich die Bekämpfung der Armut, der Ungerechtigkeiten der Güterverteilung bei Förderung der Produktivität, die Lösung von nationalen Konflikten, die aus der Vergangenheit übrig geblieben sind, die Förderung der Bildung und Verständigung, das Wachstum einer bewußten Weltkultur und viele andere evident nützliche und nötige Entwicklungen zum Ziel setzt. Wer aus Partikularinteresse diese Entwicklungen hindert, begeht einen offensichtlichen Fehler. Obwohl dieser Fehler die faktische Politik fast aller Staaten und noch mehr der privaten Machtgruppen charakterisiert, wollen wir auf ihn jetzt nicht näher eingehen; das wäre das Thema einer neuen Abhandlung.

Das Problem, dem wir uns hier nicht entziehen dürfen, betrifft vielmehr die militärische Absicherung der Staaten, die eine Friedenspolitik anstreben. Das Problem hat selbst einen militärischen und einen politischen Aspekt, und der politische Aspekt läßt sich in einen außen- und einen innenpolitischen Aspekt aufgliedern. Der militärische Aspekt kann als die Frage des minimal nötigen militärischen Schutzes bezeichnet werden. Die Antwort hierauf hängt nicht nur von der Beurteilung der technischen Mittel und der Strategien ab, sondern wesentlich auch von der außenpolitischen Konstellation. Für eine Weltmacht wie Amerika hängt sie von zwei Faktoren ab:

1. ob das Land nur sich selbst oder auch ein ausgedehntes Bündnissystem zu schützen hat,

2. ob das Land zu effektiven Absprachen der Rüstungsbegrenzung mit seinen virtuellen Gegnern kommen kann.

Die mit 1. verbundene Problematik haben wir unter der 7. These ausführlich besprochen. Sie ist wohl am deutlichsten im Vietnam-Krieg geworden. Der Versuch, zur Einhaltung der übernommenen Verpflichtungen stark genug zu sein, hat sich hier de facto ad absurdum geführt und *zwingt* die heutige Regierung der USA, eine Lösung zu suchen, die auf diesen Aufwand verzichtet. Die innere Logik des militärischen Engagements ist hier in einen nicht mehr auflösbaren Konflikt mit dem gekommen, was die amerikanische Nation noch zu wollen vermag. Man kann also heute sagen: Diejenige militärische Anstrengung, die den übernommenen Verpflichtungen militärisch gerecht würde, ist aus politischen Gründen unmöglich. Eine Politik, die das Land aus diesem unlösbaren Widerspruch befreit, ist nicht etwa, wie viele »Falken« noch vor nicht langer Zeit meinten, Friedensromantik, sondern auch militärisch eine Notwendigkeit.

Die Sowjetunion ist prinzipiell nicht in einer anderen Lage als die USA; sie hat dasselbe Interesse, von unerfüllbaren Forderungen an sich selbst loszukommen. Zwar hat sie das vielleicht größte mit Vietnam vergleichbare Teilproblem außerhalb ihrer Grenzen in den letzten Jahren, das der Tschechoslowakei, für den äußeren Anschein »glatter« gelöst. Aber man geht wohl nicht fehl, wenn man die Nötigung für die UdSSR, diese Bewegung für Freiheit in einem kleinen Lande gewaltsam zu unterdrükken, als Schwächesymptom deutet. In dreifacher Hinsicht ist die Sowjetunion dazu verdammt, einen zweiten Platz einzunehmen: an industrieller Kapazität gegenüber Amerika und vielleicht auf die Dauer selbst gegenüber Westeuropa und Japan, an Bevölkerungszahl und vielleicht an Überzeugungskraft bei der nicht-weißen Majorität der Erdbevölkerung gegenüber China, an politischer Glaubwürdigkeit gegenüber der Freiheit verlangenden

Jugend der Welt, zumal im eigenen Lager, ja im eigenen Land.

Diese Lage nötigt die beiden Supermächte, deren beider Ideologien theoretisch auf Fortschritt gestimmt sind, praktisch zu einer konservativen Politik, in der Kooperation untereinander sich als vernünftig nahelegt. So unbefriedigend und daher letzten Endes auch instabil diese Politik angesichts der drängenden, objektiv begründeten Fortschrittsforderung in der ganzen Welt ist, sie bietet uns wenigstens die Chance einer militärischen Absprache der beiden Mächte. Sie bietet uns, gemessen an den beiden Kriterien einer konstruktiven Weltfriedenspolitik, die Chance des Zeitgewinns, wenn auch ohne einen hinreichenden Fortschritt in der Richtung auf eine Lösung der Aufgabe einer Umstrukturierung des Mächtesystems. So unzureichend das ist, uns bleibt nichts übrig, als diese gegenwärtige Entwicklung zu Absprachen der Weltmächte zu unterstützen. Ein Scheitern dieses Kurses würde den Zeitgewinn gefährden, ohne uns der nötigen Umstrukturierung anders zu nähern als durch einen Krieg.

Schließlich ein Wort zum innenpolitischen Aspekt. In jedem Lande steht die Rüstungspolitik unter einem starken innenpolitischen Druck von zwei Seiten. Rüstungsausgaben sind unpopulär, eine – echte oder vermeintliche – Gefährdung der nationalen Sicherheit ist ebenfalls unpopulär. Dazu kommt das Problem, daß sowohl die Größe der militärischen Ausgaben wie die Schwierigkeit der Sachfragen und die Decke der Geheimhaltung eine demokratische Kontrolle dieser Ausgaben erschwert. Man wird das durchschnittliche finanzielle Gebaren des Großausgebers, den jede Wehrmacht darstellt, wohl nicht falsch wiedergeben wenn man sagt: Das Militärressort eines Landes ist fast immer der Überzeugung, für seine Zwecke würde nicht genug Geld bewilligt, und es fordert gleichzeitig mit einer Großzügigkeit Geld an, bzw. gibt das bewilligte Geld aus, die in vielen konkreten Fällen nicht gerechtfertigt werden kann. Die gesamte Entwicklung destabilisierender Waffensysteme gehört im Ergebnis zu diesen ressortbestimmten Fehlentscheidungen. Hier liegt wieder einmal ein »Systemzwang« vor, akzentuiert dadurch, daß diese Waffenentwicklung meist durch die nicht unbegründete Vermutung veranlaßt ist, der Gegner folge denselben Systemprinzipien (vgl. oben das McNamara-Zitat). Die Militärexperten aller Länder, die kurzfristig effizient den Schutz des eigenen Landes anstreben, wirken de facto und wider Willen wie eine internationale Verschwörung zur tödlichen Gefährdung aller Länder.

Die Erkenntnis dieses Sachverhalts zwingt zu einer harten Betonung des unbedingten Primats der Politik. Das Argument: »Dieser Schritt mag politisch wünschenswert sein, ist aber aus Gründen militärischer Sicherheit nicht möglich« muß mit grundsätzlichem Mißtrauen betrachtet werden; wer es vorbringt muß einer strikten Beweispflicht dafür unterworfen werden, daß gründlich geprüft worden ist, ob keine andere Alternative besteht.

II. Drei negative Utopien

A. Rüstungswettlauf

Die beiden Weltmächte sehen heute, daß sie ein gemeinsames Interessc an der Erhaltung des Friedens haben. Jede mißtraut aber den Absichten der anderen, d. h. jede glaubt, die andere werde die Gelegenheit, einen gesicherten Rüstungsvorsprung zu erreichen, wahrnehmen. Die militärische Gefährdung und ökonomische Belastung, die hieraus hervorgeht, sollen die jetzt angesetzten SALT-Gespräche (Strategic Armaments Limitation Talks) steuern. Die negative Utopie A beginnt mit der Annahme, daß diese Gespräche aus sachlichen Gründen (mangelnde Kontrollmöglichkeit etc.) scheitern. Ein ungehemmter Rüstungswettlauf setzt ein, der irgendwann, vielleicht in den 80er Jahren zur Existenz einer first strike capability auf einer oder auf beiden Seiten führt. Der Rüstungswettlauf verhindert die sonst mögliche Entstehung eines besseren politischen Klimas zwischen beiden Seiten. Die Reaktion der Weltöffentlichkeit und der Jugend des eigenen Landes bringt eine oder beide Regierungen in solche innenpolitischen Schwierigkeiten, daß der klassische Ausweg in den Krieg gewählt wird. Derjenige, der den Krieg begonnen hat, gewinnt ihn auch, aber mit größeren Schäden als vorhergesehen. Die Zahl der Toten in der Welt beläuft sich zunächst auf wenige hundert Millionen. Es kommt nun zu einem oder zwei Jahrzehnten der Wirren in der Welt, in deren Verlauf die Weltbevölkerung durch Hunger, Kriege, Radioaktivität und Krankheiten auf die Hälfte sinkt. Zuletzt wird, durch das Zusammenwirken eines Machtzentrums und eines allgemeinen Bewußtseins für die Notwendigkeit des Friedens, ein Weltstaat errichtet.

Es sei bemerkt, daß in diesen nur skizzierten negativen

Utopien in keinem Augenblick von irgendeinem Mitspieler eine Handlungsweise angenommen wird, die den Rahmen der herrschenden politischen Rationalität verläßt, und daß trotzdem eine Folge eintritt, die keiner der Mitspieler gewollt hat. Genau so ist es in der Geschichte oft gegangen, z. B. im Dreißigjährigen Krieg oder im ersten Weltkrieg. Man könnte sagen, wir seien gewarnt. Aber während unsere Öffentlichkeit fortfährt, den Atomkrieg für unmöglich zu halten, da sie ihn für einen Selbstmord hält, entwickelt sich die höhere technische Rationalität der Rüstungsspezialisten bis zu einem Punkt, an dem sie – nicht durch ein volles öffentliches Bewußtsein der Gefahr gehemmt – »die Tat vollbringen müssen, weil sie sie gedacht«.

B. Rüstungsstillstand

Die utopische Ausgangsannahme B ist, daß die SALT-Gespräche einen nahezu vollständigen Erfolg haben. ABM, MIRV und eine Reihe anderer ausdrücklich gekennzeichneter Waffensysteme werden nicht produziert. Die vorhandenen strategischen Waffen werden auf einen verabredeten Stand eingefroren. Kontrollen durch Stichproben werden vereinbart und durchgeführt und es zeigen sich keine Verletzungen der Vereinbarungen. Einen Stop der Forschung zu vereinbaren, hat man mit Recht für unmöglich gehalten. Die Weltpolitik, von der Sorge vor dem Atomkrieg befreit, wendet sich der Durchsetzung der bestehenden nationalen, imperialen und ideologischen Interessen mit den verfügbaren Mitteln zu. Mit anderen Worten, der politische Zustand der 60er Jahre wird, in mancher Hinsicht verbessert, fortgeführt. Die Ausgaben für Wissenschaft wachsen weiter. Die ziviltechnologisch orientierte Forschung wird eines der größten Machtmittel. Die Konkurrenz der Mächte entwickelt sich zu einem Kampf um die zivile Weltherrschaft. In größeren Abständen offerieren Wissenschaftler ihren Regierungen neue geheime Waffen. Die Angebote werden mehrmals abgelehnt; in einer aus anderen Gründen für sie verzweifelten Situation nimmt eine der Regierungen das Angebot an. Der Fortgang kann dem unter A skizzierten gleichen.

Die Elimination der aktuellen technischen Bedrohung, die in dieser negativen Utopie angenommen wird, ist gewiß ein Gewinn. Aber solange Machtpolitik getrennter Mächte und technischer Fortschritt zusammenwirken, wird sich diese Aufgabe immer von neuem stellen und jedesmal in einer neuen Weise schwer, einmal vielleicht unlösbar sein.

C. Abrüstung

Hier ist eine Vorbemerkung nötig. Freiwillige Abrüstung souveräner, einander fürchtender Mächte ist nur möglich, soweit sie das gegenseitige Kräfteverhältnis nicht wesentlich verändert. Das kann allenfalls in gewissen Fällen zwischen zwei Mächten glücken, aber nur solange sie dabei ihre Sicherheit gegenüber Dritten gedeckt fühlen. Hier liegt der Grund dafür, daß Abrüstung in der Geschichte fast nie ein Weg zur Entspannung, sondern allenfalls die Folge einer Entspannung war. Es bedarf keines chauvinistischen, sondern nur eines verantwortungsbewußten konservativen Denkens eines Staatsmannes, um in der Abrüstung sehr zurückhaltend zu sein. Es ist daher eine im umgangssprachlichen Sinn utopische Annahme, die Großmächte unserer Welt würden sich zu einer einschneidenden Abrüstung bereit finden.

Diese utopische Ausgangsannahme machen wir nun. Eine etwa gleichzeitige drastische innenpolitische Änderung in beiden Weltmächten bringt Regierungen an die

Macht, die die Gefahr des atomaren Weltkriegs endgültig zu eliminieren beschließen. Sie versuchen sich mit China und Westeuropa auf die Vernichtung aller Atomwaffen, den feierlichen Verzicht auf Erforschung, Entwicklung und Anwendung von ABC-Waffen und die drastische Reduktion der konventionellen Rüstungen zu einigen. Sie nehmen das Prinzip der Selbstbestimmung der Völker an und geben die militärische Dominanz in ihren Satellitensystemen auf. Für internationale Streitigkeiten schaffen sie Schiedsgerichte, für die gemeinsamen Wirtschaftsprobleme weltweite Beratungs- und Beschlußgremien. Der Gedanke einer Weltpolizei wird als Rückfall in die Kategorien vergangener Machtpolitik verworfen.

Es sei der Phantasie des Lesers überlassen, das Scheitern dieses Systems auszumalen. Folgende Schritte lassen sich mutmaßen. Die wirtschaftliche Herrschaft kapitalistischer Firmen und sich sozialistisch nennender Staatswirtschaften über frühere Satelliten und Kolonien hört nicht auf und erzeugt scharfe politische Konflikte. In verschiedenen Ländern entstehen oder halten sich faschistoide Regierungen. Die größeren Mächte verzichten zunächst auf Intervention, bis sich lokale Kriege entwikkeln, denen zuzusehen nicht mehr möglich scheint. Das geschieht vor allem, da sich revolutionäre Bewegungen mit Bevölkerungsteilen der alten imperialen Mächte verbünden und so die Großstaaten vom Zerfall ihrer staatlichen Einheit bedroht sind. Es entwickeln sich Bündnissysteme, die den in ihnen führenden Staaten die Nötigung auferlegen, im qualitativen Rahmen der erlaubten Waffensysteme quantitativ über das erlaubte Maß aufzurüsten. Der Versuch anderer, diese Gefahr zu steuern, führt zu einem Weltkrieg. Das nie vergessene Wissen über die Weise der Herstellung von Atomwaffen ermöglicht atomare Wiederaufrüstung während des Krieges. Das Geschehen mündet, mit zum Teil vertauschter Reihenfolge der Ereignisse, in die Variante A ein.

Diese negative Utopie ist wegen des betont »utopischen« Ausgangspunkts schwerer zu durchschauen als die vorigen. Wenn man schon annimmt, daß die Staaten zur ganzen Abrüstung bereit sind, warum soll man nicht annehmen, daß sie dann auch Frieden halten können? Die Antwort ist, daß ersteres in einer emotionalen Aufwallung, in einem der in der Geschichte vorkommenden Hoffnungsstürme möglich sein könnte, letzteres aber einen permanenten Strukturwandel verlangt. Der Sinn der Variante C ist nicht, die Möglichkeit eines Strukturwandels zu bestreiten, aber auf Bedingungen hinzuweisen, ohne die er nicht eintreten kann. Man kann nicht die materiellen Probleme der Weltregionen im wesentlichen bestehen lassen, die klassische Form politischer Organisation, den partikularen, souveränen Staat aufrechterhalten, und nur die militärischen Mittel ausschalten, durch welche bisher die ständig vorhandenen Spannungen restringiert wurden.

III. Dynamik und Entwicklung der Abschreckung

1. Der Einfluß der Technik

Es soll untersucht werden, was die Abschreckung für die Kriegsverhütung leistet. Hierzu wird ein systematischer Ansatz verfolgt, dessen mathematische Fassung an dieser Stelle außer Betracht bleiben kann.[1] Das Modell der Berechnung hat folgende Grundstruktur:

Wir unterscheiden zwei Supermächte X und Y. Abbildung 1 veranschaulicht einen Angriff von X auf Y. Einige Raketen (ICBM[2]) von X werden durch die Abwehrraketen (ABM[3]) von Y abgefangen. Die restlichen Raketen

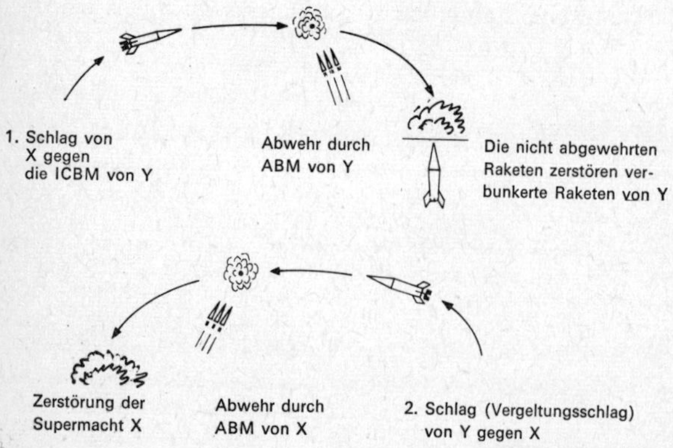

Abb. 1: Die Unterscheidung von Angriff und Vergeltung.

[1] Horst Afheldt, Philipp Sonntag: Stabilität und Abschreckung durch strategische Kernwaffen – eine Systemanalyse. »Kriegsfolgen und Kriegsverhütung«, S. 303 ff.

[2] ICBM: Intercontinental Ballistic Missiles. Die USA wie auch die UdSSR haben mehr als 1000 ICBM. Jede einzelne dieser Inter-Kontinentalraketen trägt eine Atombombe von einigen Megatonnen Sprengkraft, die genügt, um eine Stadt des Gegners zu vernichten.

[3] ABM: Anti Ballistic Missile.

von X greifen verbunkerte Raketen von Y an, um den Gegenschlag zu begrenzen. Der auf diese Weise geschwächte Vergeltungsschlag von Y gegen X muß seinerseits die Abwehr (ABM) von X überwinden.

In dieses Rechenverfahren geht eine Vielzahl technischer Daten ein. Als Beispiele seien genannt:

Die Zahl der Raketen und Abwehrraketen. Die Trefferwahrscheinlichkeiten der Abwehrraketen gegen die Angriffsraketen. Die Zahl der Raketen auf Unterseebooten, die zunächst als unangreifbar angenommen werden. Der Einfluß von MIRV[4]. Es ist die Aufgabe des Modells, die komplizierten Zusammenhänge zwischen Raketenzahlen, Verwundbarkeit dieser Raketen, Abwehrraketen, Vernichtungswahrscheinlichkeiten der Abwehrraketen und andere Angriffs- und Verteidigungsmittel durchschaubar zu machen.[5]

2. Die acht strategischen Fälle

Die Zerstörung durch den ersten und zweiten Schlag wird ermittelt, um auf diese Weise verschiedene strategische

[4] Multiple independent reentry vehicles – Mehrfachsprengköpfe, eine Rakete trägt mehrere Atombomben, die auf eigenen Bahnen aus dem Weltraum in die Erdatmosphäre zurückgelangen, so daß jede Atombombe ein eigenes Ziel ansteuern kann.

[5] Der typische Fehler solcher Modelle ist meist, daß aus der Vielzahl der in der Realität relevanten Variablen nur eine begrenzte Zahl aufgenommen wird und damit eine »Scheinrealität« abgebildet wird. Ein weiterer häufiger Fehler ist bei Aufnahme aller Variablen, die Interdependenzen zu vernachlässigen. Bei Aufnahme sehr vieler Variablen wird überdies das Modell meist unlesbar, liefert also keinen verwertbaren output.

Diese Fehler konnten in unserem Modell dadurch vermieden werden, daß von den Abschußverläßlichkeiten (z. B. einer Anti-Rakete) über die Steuerungsgenauigkeit, über die Sprengwirkung des Kopfes bis zur Zerstörung der angegriffenen Interkontinentalrakete alle Faktoren als Wahrscheinlichkeitsaussagen dargestellt werden können. Alle diese Wahrscheinlichkeiten können überlagert werden und ergeben so durch Multiplikation einen einzigen Wert, der wiederum eine Wahrscheinlichkeitsaussage ist und alle diese in der Realität wirksamen Faktoren repräsentiert.

Fälle zu erhalten. Wir unterscheiden acht strategische Fälle. Sie wurden nicht willkürlich festgelegt.

Vielmehr resultieren sie aus der Unterscheidung von Verwundbarkeit bzw. Unverwundbarkeit (im Sinne des Überlebens als lebensfähige Industriegesellschaft) einer Supermacht gegen einen Kernwaffenangriff. Muß eine Supermacht höchstens 10 Treffer hinnehmen, so nennen wir sie unverwundbar. Kann sie eine Zahl von 100 Treffern nicht vermeiden, so ist sie verwundbar.[6]

Als erstes Resultat ergeben sich mit Hilfe dieser Festlegung der Verwundbarkeit bzw. der Unverwundbarkeit drei Positionen. Eine Supermacht befindet sich gegenüber einem bestimmten Gegner in

Position I: Gesicherte Zweit-Schlags-Kapazität (assured destruction). oder

Position II: Zerstörung des Gegners nur mit dem ersten Schlag möglich. oder

Position III: Unverwundbarkeit des Gegners.

Da sich jede der beiden Seiten theoretisch in jeder der drei Positionen befinden kann, ergeben sich zunächst neun mögliche Kombinationen. Jede dieser Kombinationen beschreibt eine bestimmte strategische Lage. *Diese Kombinationen werden im folgenden als Fälle bezeichnet.*

Ein Rüstungsproblem (diese oder jene Technik) kann so vor dem Hintergrund der zugehörigen präzisierbaren Strategie (Gefährdung der Stabilität? ein Weg zur Überlegenheit?) beurteilt werden.

[6] In dem »Statement of Secretary of Defense, Robert S. McNamara before the Senate Armed Services Committee on ... 1968 defense budget« (ähnlich auch 1969) wird hervorgehoben: Die Abschreckung beruht auf der Fähigkeit, einen Angreifer als lebensfähige Industriegesellschaft (as a viable 20thcentury nation) zerstören zu können. Sie beruht dagegen nicht auf einer Fähigkeit, den Schaden im eigenen Land in Grenzen zu halten. – Unsere Festlegung auf 10 und 100 Raketen ist willkürlich, aber unbedenklich. Denn eine Rechnung mit 20 und 70 Raketen oder mit 5 und 200 Raketen ergibt qualitativ ähnliche Resultate.

Fall	Position von X	Position von Y	Bezeichnung des Falles
1	I $x_1 > 100$ $x_2 > 100$	I $y_1 > 100$ $y_2 > 100$	Stabile Abschreckung durch wechselseitige assured destruction
2	II $x_1 > 100$ $x_2 < 10$	II $y_1 > 100$ $y_2 < 10$	Beide Gegner haben eine first strike Entwaffnungskapazität. Beiden fehlt daher die Fähigkeit zum zweiten Schlag (Unstabilität, Zwang, den Gegner durch einen ersten Schlag zu entwaffnen).
3	III $x_1 < 10$ $x_2 < 10$	III $y_1 < 10$ $y_2 < 10$	Beide Seiten sind unfähig, den Gegner zu zerstören (Stabilität durch wechselseitige Unverwundbarkeit, eine andere Form des Patt).
4	I $x_1 > 100$ $x_2 > 100$	II $y_1 > 100$ $y_2 < 10$	X hat eine Zweitschlagskapazität, aber Y ist nur fähig, den Gegner mit einem ersten Schlag zu zerstören (Unstabilität, Druck auf X, Y mit einem ersten Schlag zu entwaffnen).
5	II $x_1 > 100$ $x_2 < 10$	I $y_1 > 100$ $y_2 > 100$	Wie 4, jedoch X und Y vertauscht.
6	I $x_1 > 100$ $x_2 > 100$	III $y_1 < 10$ $y_2 < 10$	X hat eine Zweitschlagskapazität. Y ist nicht in der Lage, X zu zerstören (totale Überlegenheit von X, Matt-Situation für Y).

7	III $x_1 < 10$ $x_2 < 10$	I $y_1 > 100$ $y_2 > 100$	Wie 6, jedoch X und Y vertauscht.
8	?	?	Unbestimmtheit der Situation auf der strategischen Ebene. Wir fassen alle Situationen, in denen ein erster oder zweiter Schlag mehr als 10, jedoch weniger als 100 Treffer erzielt, unter Fall 8 zusammen.
(9, 10)	(II) (III)	(III) (II)	Diese Kombination ist nicht möglich.[7]

3. Die politische Bedeutung der strategischen Fälle

Sind die technischen Daten in bestimmten Grenzen bekannt (z. B. eine Trefferwahrscheinlichkeit von 60 bis 90%), so ergibt sich eine Kombination der strategischen Fälle. Das Resultat erlaubt eine Beurteilung der politischen Bedeutung von Rüstungstrends.

Am Ende der Analyse wird sich zeigen: Der gegenwärtige Weg der Rüstung auf der Ebene der strategischen Kernwaffen führt aus dem Bereich der Stabilität hinaus. Die Rüstung mit ABM und MIRV gefährdet die ohnehin prekäre Kriegsverhütung mittels der bestehenden Drohsysteme.

Die Auswirkung der Rüstung auf die Machtverhältnis-

[7] Die formal denkbare Kombination II, III ist nicht möglich. Denn wenn eine der beiden Mächte (z. B. X) durch die Abwehr des Gegners (Y) nur wenige Waffen hindurchbringen kann (III), kann es für diesen Gegner (Y) keinen Unterschied machen, ob er zuerst oder als zweiter zuschlägt. Relevant bleiben somit von den formal möglichen Kombinationen 7 Fälle (Grenzfälle sind bei der Einführung von MIRVs denkbar, haben aber für das Modell keine Bedeutung).

se wie auf die Chance der Kriegsverhütung ist von Fall zu Fall recht unterschiedlich.

Fall 1: Sowohl die USA wie auch die UdSSR haben die Fähigkeit, mit einem zweiten Schlag, mit einem Vergeltungsschlag, den Gegner als lebensfähige Industriegesellschaft auszuschalten. Derzeit kann jede der beiden Supermächte diesen vernichtenden Gegenschlag führen. Diese Fähigkeit verhilft uns wenigstens vorübergehend zu einem Waffenstillstand auf der hohen Eskalationsstufe der strategischen Kernwaffen. Daß andererseits die Eskalation von den unteren Stufen der Kriegsführung her nicht durch Abschreckung ausgeschlossen werden kann und inwieweit sich das Gleichgewicht der Supermächte insbesondere für Europa stabilisierend auswirkt, wird oben untersucht (siehe S. 30 ff.).

Fall 2: Jede Supermacht kann den Gegner durch einen rechtzeitigen ersten Schlag vernichten und den Vergeltungsschlag wirksam begrenzen. Hier bedingt der Zugzwang zur Prävention eine Instabilität.

Fall 3: Beide Supermächte sind unverwundbar. Voraussetzung ist ein undurchdringliches Verteidigungssystem oder eine umfassende Abrüstung der Angriffswaffen. Es ist eine Pointe dieser Situation, daß bestenfalls durch eine gemeinsame politische Kontrolle der Rüstung eine verläßliche Stabilität erreicht werden könnte. Eine rein technische Kontrolle kann technisch zu leicht und zu schnell überwunden werden.

Fall 4 und 5: Eine der beiden Mächte ist in der Lage, den Gegner sowohl mit einem ersten, als auch mit einem zweiten Schlag als lebensfähige Gesellschaft auszuschalten. Die andere Macht kann einen vernichtenden Schlag nur führen, wenn sie zuerst zuschlägt. Der Schwächere hat im Krisenfall theoretisch drei Optionen:

- kapitulieren,
- abwarten, mit der Bereitschaft, sich ohne Gegenwehr zerstören zu lassen,

■ zerstören der gegnerischen Supermacht und durch den damit ausgelösten Vergeltungsschlag, Zerstörung seiner selbst.

In einer Krise besteht für beide Mächte ein Zugzwang zur Prävention. Die Verbündeten werden von dieser Instabilität mit betroffen. Das ist nicht der Sinn eines Bündnisses. Führt die Rüstung zu Fall 4, 5 oder 2, so gilt es, die Politik von den eigenen Interessen her zu überprüfen. Ein Erfolg der Verhandlungen zur Begrenzung der strategischen Waffen (SALT[8]) wäre daher für die Europäer ein Gewinn.

Fall 6 und 7: Eine Macht ist sowohl in der Lage, mit einem ersten als auch mit einem zweiten Schlag den Gegner zu vernichten. Der Unterlegene hat dagegen keine Chance, die von der stärkeren Seite ausgebaute Verteidigung zu durchdringen. Diese Dominanz einer Supermacht ist andererseits politisch prekär und technisch schwer aufrechtzuerhalten (siehe unten). Von dieser Unsicherheit geht eine gewisse Instabilität aus. Andererseits entfällt der Zwang zur Prävention.

Fall 8: Die Unkalkulierbarkeit. Bei einer Reihe von technischen Annahmen liegt der Schaden zwischen geringer Zerstörung (bis zu 10 Treffer) und erheblicher Zerstörung (wenigstens 100 Treffer). Diese verhältnismäßig schwächere Kriegsverhütung durch unkalkulierbares Risiko besteht schon heute für Europa auf der Ebene des lokalen Atomkrieges. Es ist eine mindere Sicherheit im Vergleich zur heute noch bestehenden Kriegsverhütung durch »kalkulierbare Unführbarkeit« (Fall 1, sichere Vergeltung auf der Ebene der strategischen Kernwaffen). Führt die Rüstung zu Fall 8, so müßten die strategischen Waffensysteme ihren Anspruch aufgeben, ein Instrument zur Sicherung des Friedens zu sein, sie könnten höchstens einen prekären Waffenstillstand über eine begrenzte Zeit aufrechterhalten.

[8] Strategic Arms Limitation Talks.

4. Wohin führt uns die gegenwärtige Rüstung?

Input des Rechenverfahrens sind technische Daten der Rüstung. Output sind die acht strategischen Fälle, denen jeweils eine politische Bedeutung zukommt. Die Verbindung mathematischer Aussagen des Modells mit einer politisch-strategischen Interpretation, die ihrerseits auf definierten eingeführten Voraussetzungen beruht, ist das Arbeitsprinzip der Analyse. Die mathematischen Aussagen ihrerseits werden an den ausgezeichneten Flächen abgelesen. Dabei ist die Aussagefähigkeit der Diagramme *nicht* abhängig von der Kenntnis nichtnachprüfbarer Zahlenwerte (Trefferwahrscheinlichkeit, Verläßlichkeit, Tragfähigkeit der Raketen) und nur begrenzt abhängig von den verifizierbaren Werten wie Raketenzahlen. Die einfachste Aussage ist die Größe der Flächen.

In den Abbildungen 2 bis 4 werden 3 Rüstungen als Musterbeispiel berechnet:

Abb. 2: der Stand der Rüstung um 1969;

Abb. 3: die Aufrüstung mit Abwehrraketen (ABM);

Abb. 4: die Aufrüstung mit Mehrfachsprengköpfen (MIRV).

Für alle 3 Rüstungen gilt:

Beide Supermächte haben je 1000 Interkontinentalraketen (ICBM). Eine ICBM trifft bei einem Angriff eine verbunkerte ICBM des Gegners mit einer Wahrscheinlichkeit von 60%.

Eine Supermacht (UdSSR) hat 200, die andere (USA) 700 schwer angreifbare Raketen auf U-Booten.

Die Abbildungen unterscheiden sich in den folgenden Annahmen:

Abb. 2: Beide Supermächte haben je maximal 1000 ABM.

Abb. 3: Für die Aufrüstung mit ABM gilt: Beide Mächte haben je 4000 ABM.

Abb. 4: Bei der Aufrüstung mit MIRV dient als Rechengrundlage: Beide Mächte haben 4000 ABM und je 5 Mehrfachsprengköpfe auf einer Interkontinentalrakete.

Eine Abwehrrakete trifft eine angreifende mit einer bestimmten Wahrscheinlichkeit. Im Computer wurden alle Wahrscheinlichkeiten von 0% bis 100% gerechnet. Deshalb sind in den Abbildungen auf den X- und Y-Achsen diese Prozente aufgetragen. Sie stehen für ein technisch mehr oder weniger gut funktionierendes Abwehrsystem.

Output sind die acht strategischen Fälle. In Abbildung 4 resultiert z. B. aus einer Trefferwahrscheinlichkeit der sowjetischen ABM von 80% und der amerikanischen von 70% der Fall 2. Die schraffierten Flächen der Fälle 1 bis 7 gelten somit je für einen bestimmten Bereich technischer Perfektion der ABM-Systeme. Der unschraffierte Raum zwischen den Flächen ist Fall 8.

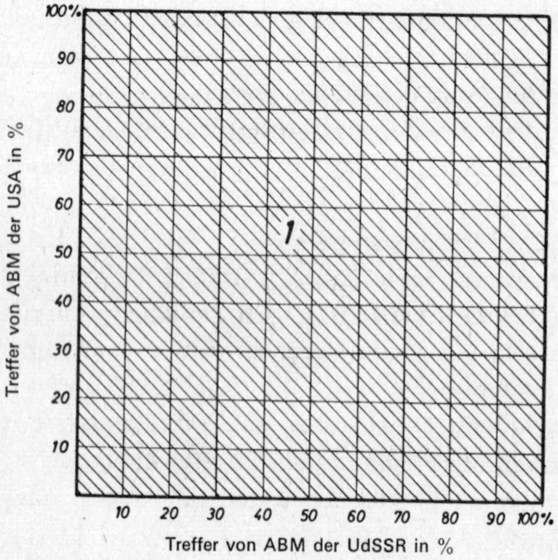

Abb. 2: Die strategischen Fälle als Funktion der Trefferwahrscheinlichkeiten von Abwehrraketen beider Supermächte gegen Interkontinentalraketen. Beide Supermächte haben maximal je 1000 ABM. Da der zweite Schlag für beide Mächte gewährleistet ist, ergibt sich ausschließlich Fall 1, die bestehende Kriegsverhütung durch Abschreckung.

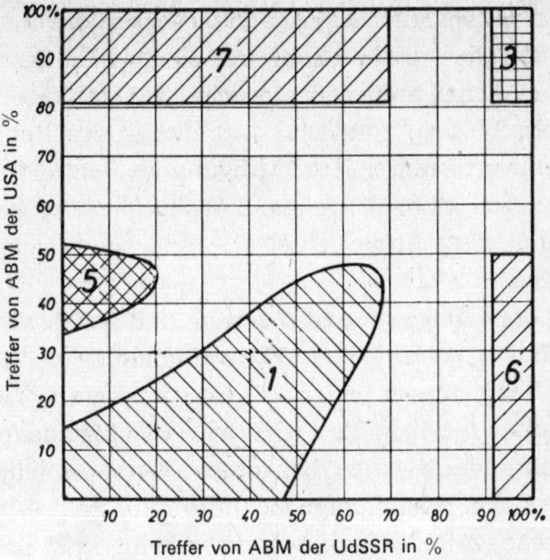

Abb. 3: Beide Supermächte haben je 4000 ABM. Ausgedehnte Bereiche der Unsicherheit und Instabilität (Fall 5, 6 und 7).

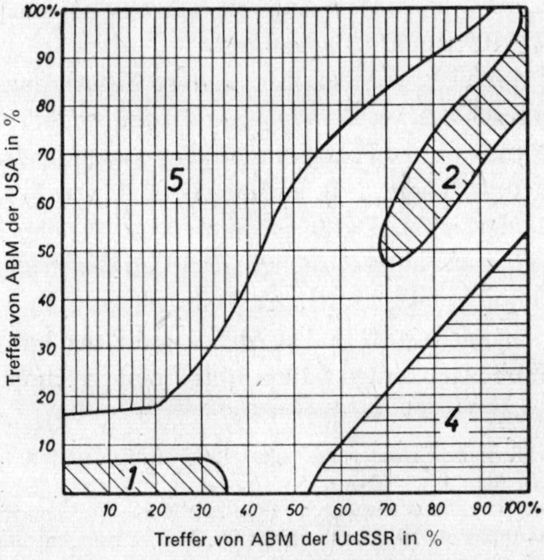

Abb. 4: Beide Supermächte haben je 4000 ABM und je 5 Atombomben auf einer Interkontinentalrakete. Ergebnis: Fast ausschließlich die besonders instabilen Fälle 2, 4 und 5.

Es sei ferner auf Strategien hingewiesen, die mit Hilfe von ABM die Abschreckung auf einem niedrigeren potentiellen Schadensniveau einstellen wollen[9] (Fall A in den Abb. 5 bis 8): Solche Ansätze dienen den Befürwortern der Aufrüstung mit ABM häufig als Begründung (so zum Beispiel Donald Brennan). Weiterhin wird behauptet, durch diese Strategie sei die Abrüstung leichter erreichbar.

Die Abbildungen 5 und 6 zeigen, daß das gewünschte Resultat nur bei äußerst exakter Einhaltung der technischen Bedingungen eingestellt werden kann. Geringe Variationen dieser in der Praxis auch den Ingenieuren selber nicht derart genau bekannten Werte schieben die Lage aus dem gewünschten (schraffierten) Feld A hinaus. Vergleiche z. B. Abb. 6, wo die gewünschte Situation überhaupt nur in dem folgenden Extremfall eintritt: Die Trefferwahrscheinlichkeit counter force gegen verbunkerte Raketen liegt innerhalb der engen Grenzen von 70% ± 10%, außerdem liegt die Trefferwahrscheinlichkeit der ABM auf 10% genau fest.

Das Modell beweist so ohne weitere Zusatzannahmen: Die vorgeschlagenen Strategien sind uneinstellbar. Offen bleiben muß, ob die Protagonisten dies wissen und andere Absichten verfolgen, z. B. auf Sieg (Fall 6 bzw. 7) spielen wollen oder nicht. Dafür ist interessant, welche Lagen sich in all den Fällen einstellen, in denen die strategische Situation nicht im schraffierten Feld A liegt.

Zur Übersicht wird in den Abb. 7 und 8 der Fall A neben den obengenannten Fällen 1 bis 7 eingezeichnet.

[9] Ausführliche Erläuterung siehe »Kriegsfolgen und Kriegsverhütung« S. 385.

Für die Berechnungen wurde festgelegt: Keine Supermacht ist in der Lage, mehr als 50 Atombomben ins Ziel zu bringen, und zwar weder mit einem ersten, noch mit einem zweiten Schlag. Jede Supermacht ist jedoch in der Lage, in einem zweiten Schlag zumindest $^2/_3$ der Zahl Atombomben ins Ziel zu bringen, die der Opponent im ersten Schlag erreichen konnte.

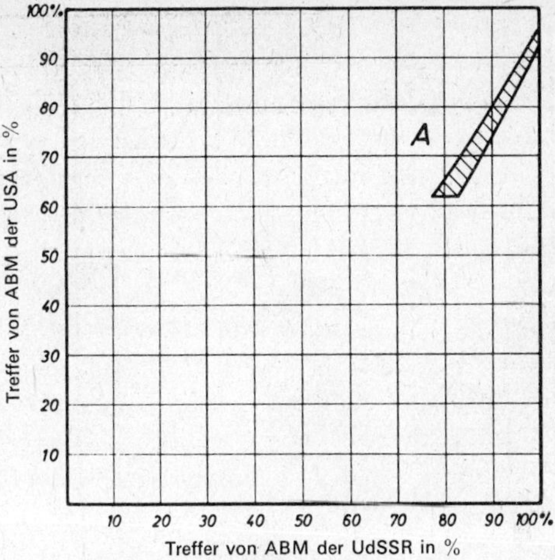

Abb. 5: Abschreckung auf niedrigem potentiellem Schadensniveau. Es wurde mit denselben Daten gerechnet wie bei Abb. 3.

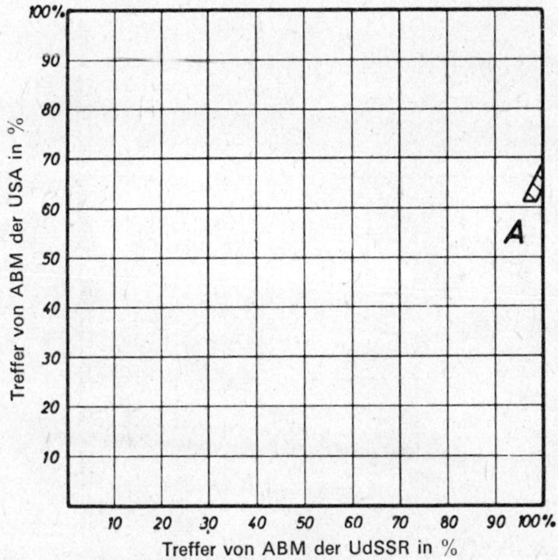

Abb. 6: Es wurde mit denselben Daten gerechnet wie bei Abb. 3, mit 2 Ausnahmen: Y hat 2000 Raketen. Dann tritt Fall A nur noch ein bei einer Trefferwahrscheinlichkeit counter force gegen verbunkerte Raketen von 70% ± 10%.

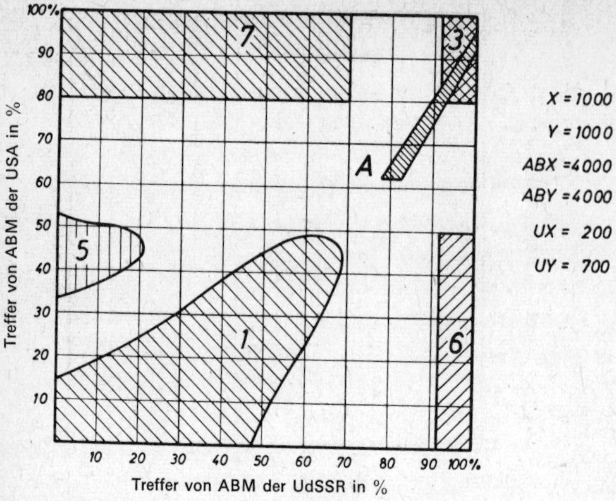

Abb. 7: Es wurde mit denselben Daten gerechnet wie bei Abb. 3.

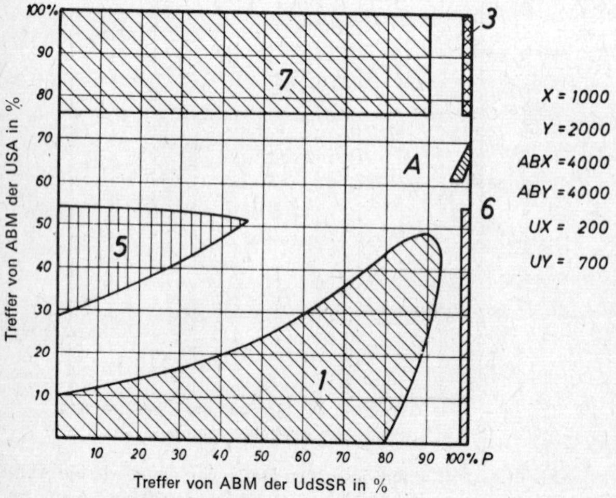

Abb. 8: Rechengrundlage wie bei Abb. 6.

5. Das Ergebnis als rüstungspolitische Aussage

Damit ermöglicht das Modell die klare Aussage: ABM-Systeme destabilisieren. Sie sind außerdem geeignet, einen der beiden Gegner in die einzig strategisch ausnutzbare Überlegenheit der technisch wie auch politisch schwer erreichbaren Fälle 6 und 7 zu führen. Auf diese Weise geben sie jedoch dem Wettrüsten einen neuen *politischen* Impuls zur weiteren Aufrüstung.

Durch die Erhöhung der counter force Vernichtungswahrscheinlichkeiten, die Einführung von MIRVs und die Einführung von ABM-Systemen wird das Gleichgewicht prekär. Da die Sicherheit der beiden Kontrahenten darauf beruht, nicht aus der stabilen Lage in eine instabile Lage hinauszufallen, da die Lagebeurteilung aber von kaum verifizierbaren Daten abhängt, entsteht ein Zwang, die pessimistischste Annahme zugrundezulegen, und von dieser Basis aus die eigene Rüstungspolitik zu betreiben. Da diese Aussage für beide Seiten gilt, ist die Rückkopplung zur »Verbesserung« der eigenen Arsenale eingebaut. Verbesserungen der counter force Vernichtungswahrscheinlichkeiten und die Einführung von ABM-Systemen und MIRVs (die sich teilweise wechselseitig bedingen) entwickeln so einen technischen Druck zur Aufrüstung.

Selbst wenn dennoch der politische Wille entwickelt wird, von dieser Situation den umgekehrten Weg, den der Abrüstung zu beschreiten, entsteht das dargestellte Problem, daß Reduktionen der Zahlen bei beiden Seiten mit hoher Wahrscheinlichkeit durch instabile Gebiete führen. Neben alle bekannten politischen Hinderungsgründe für die Abrüstung tritt so ein echter militärischer Grund: die Furcht aus einer stabilen Situation in eine instabile hineinzugleiten. Da selbst in einer Zeit, als ohne ABM-Systeme und ohne MIRVs eine wechselseitige Reduktion der Arsenale ohne Gefährdung der Stabilität möglich gewesen wäre – und zudem alle wichtigen Daten verifizierbar waren –, eine Abrüstung nicht stattgefunden hat, die Arsenale sich vielmehr vervielfachten, kann die Prognose nur negativ sein.

Hinzu kommt, daß zwar die Stabilität durch wechselseitige Abschreckung mit Hilfe der fortgeführten Aufrüstung erhalten bleiben mag, daß aber auch nicht ausgeschlossen werden kann, daß eine Seite eines Tages eine »Sieg«position erreicht. Wenn schon das Gefühl, zu Koexistenz gezwungen zu sein, keine hinreichende Motivierung für die Aufgabe des Rüstungswettlaufs dargestellt hat, so wird die politische Kraft des Abrüstungsgedankens in einer Situation, in der man nicht mehr beweisen kann, daß »Sieg« für immer ausgeschlossen ist, in beiden Lagern kaum stärker werden.

ABM-Systeme als Mittel zur Abrüstung zu bezeichnen, ist deshalb irreführend. Ihre Einführung ist eine weitere, sehr kostspielige Form der strategischen Rüstung. Die Kombination von MIRV und ABM ist eine darüber hinausgehende extreme Bedrohung des stabilen Gleichgewichts.

Die folgenden Rüstungen führen zur Instabilität auf der Ebene der strategischen Kernwaffen:

- Erhöhte Fähigkeit, die strategischen Waffen des Gegners zu zerstören.
- Produktion von MIRV (d. h. mehrere Atomsprengkörper auf einer Rakete).
- Verbesserung der U-Boot-Abwehr. Die derzeitige Garantie des Gegenschlages beruht wesentlich mit auf der Schwierigkeit, raketentragende U-Boote anzugreifen.
- ABM für Städte oder ABM für Städte und Raketenstellungen zugleich (Flächenverteidigung).
- ABM, welche MIRV tragende Raketen am Anfang des Fluges vernichten (von Schiffen aus startende ABM).
- Strategische Waffen außerhalb des Heimatlandes, die angreifbar sind.

Es ist irreführend, die genannten Rüstungsziele als

Beitrag zur Kriegsverhütung zu bezeichnen, als Verteidigungsbeitrag oder gar als Sicherheitsgarantie des Bündnisses.

IV. Folgen eines Atomkrieges in der BRD

1. Übersicht

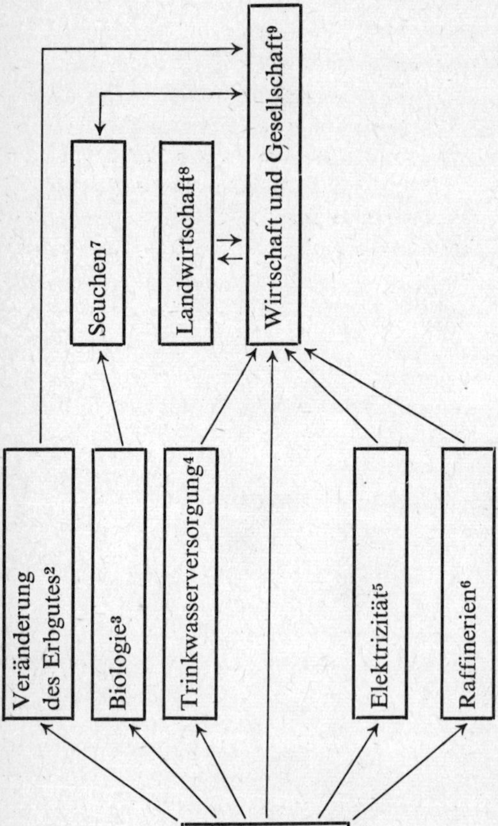

Übersicht und Zusammenhang einzelner Themen zur Ermittlung von Kriegsfolgen.[1] Die wechselseitige Beeinflussung der einzelnen Kriegsfolgen ist durch Pfeile dargestellt. (Jedes Rechteck kennzeichnet einen Beitrag aus »Kriegsfolgen und Kriegsverhütung«).

2. Unmittelbare Wirkungen und Gesamtschaden

Die unmittelbaren Auswirkungen einer Atombombe auf Mensch, Tier, Pflanze und Bauten sind in der Literatur eingehend behandelt worden.[10] Diese Veröffentlichungen erlauben aber nur die Beantwortung von Einzelfragen der folgenden Art: Wie verläuft die Strahlenkrankheit bei einer relativ niedrigen oder hohen Dosis radioaktiver Strahlung? Wie breit und wie tief ist ein Krater, je nach Explosionshöhe und Detonationsstärke der Bombe? Was ist die Ursache von einzelnen Verletzungen und Krankheitssymptomen in Hiroshima und Nagasaki gewesen? Untersuchungen über den mutmaßlichen gesamten Schaden in einem größeren Gebiet, also über den Schaden, der sich aus dem Zusammenwirken der verschiedenen unmittelbaren Wirkungen ergibt, wurden jedoch nur in verhältnismäßig groben Abschätzungen durchgeführt. Die unmittelbaren Wirkungen der Atombomben werden von uns in Schadenskategorien berechnet, die eine Beurteilung der später eintretenden Folgeschäden erleichtern. Kritisch für

[1] Philipp Sonntag: Mathematische Analyse der Wirkungen von Kernwaffenexplosionen in der BRD. »Kriegsfolgen und Kriegsverhütung«, S. 75. [2] Hans A. Künkel: Genetische Schäden. S. 673. [3] Alexander Pfau: Biologische Auswirkungen eines nuklearen Krieges in der Bundesrepublik Deutschland. S. 531. [4] Utz-Peter Reich: Trinkwasserversorgung. S. 503. [5] Utz-Peter Reich: Elektrizitätsversorgung. S. 517. [6] Utz-Peter Reich: Thermische Strahlung und die Explosionsgefahr bei Raffinerien. S. 525. [7] Klaus Rajewski: Überlegungen zur Seuchengefahr im Atomkrieg. S. 667 [8] Erwin Rahner: Die Zerstörung des Agrarpotentials und die Überlebenschancen der Bevölkerung – ein Simulationsmodell. S. 457. [9] Utz-Peter Reich: Die wirtschaftlichen Schäden eines atomaren Krieges in der Bundesrepublik Deutschland und ihre Folgen. S. 199.

[10] Übersichtliche Zusammenfassungen:

S. Glasstone (Ed.): »The effects of nuclear weapons«. Rev. ed. Repr. Washington, D. C.: U. S. Govt. Print. Office 1964 (Dt: »Die Wirkungen der Kernwaffen«. Köln: Heymann 1964). – G. Schindler u. A. Haerter: »Handbuch der Waffenwirkungen für die Bemessung von Schutzbauten«. Bern. Bundesamt für Zivilschutz 1964. – O. Messerschmidt: »Auswirkungen atomarer Detonationen auf den Menschen«. München. Thiemig 1960.

die Schadenssummierung sind danach vor allem die Benutzbarkeit von Gebäuden und die Arbeitsfähigkeit von Verletzten.

In der folgenden Übersicht werden zur Veranschaulichung die Schadenskategorien bei Zerstörungen an Gebäuden durch eine Überdruckwelle erläutert:

Kategorie	erforderlicher Aufwand zur Erstellung der Bewohnbarkeit	Kosten der völligen Wiederherstellung	Beschreibung des Schadens
0	kein Schaden wird berücksichtigt	———	einzelne Fensterscheiben zersplittern, wenige lose Teile werden abgebröckelt oder abgerissen
1	leichte Reparaturen	geringfügig, rund 1–5% des Gebäudewertes	Fensterscheiben zersplittern, Türen werden zum Teil beschädigt und aus den Angeln gerissen, Dachziegel zum Teil herausgerissen, sehr leichte Seitenwände eingedrückt
2	erhebliche Reparaturen; sie sind nur zum vorübergehenden Aufenthalt improvisierbar	Ausbau eines Rohbaus	im allgemeinen keine Einsturzgefahr, erhebliche Zerstörung von Türen, Dächern und Inventar, leichte Seiten- u. Zwischenwände zum Teil aus der Verankerung gerissen oder zerbrochen

3	Einsturzgefahr; es ist kein Aufenthalt mehr möglich	Neubau	im allgemeinen stürzen die tragenden Gebäudeteile nicht ein, wenig Trümmer liegen auf den Kellerausgängen, leichte Seiten- u. zum Teil Zwischenwände werden zerstört, einzelne Gebäudeteile brechen zusammen
4	Häuser eingestürzt	Neubau	Einsturz des Hauses, zum Teil bleiben besonders massiv gebaute Räume oder Ecken von Räumen erhalten, vor allem im Keller
5	völlige Zerstörung	————	völlige Zerstörung aller Räume und des Kellers

Die Überlagerung mit dem Schaden durch Feuer und Fallout sowie die Überlagerung bei mehreren Atombomben erfordert eine Vielzahl von weiteren Fallunterscheidungen, die zugleich eine Rechengrundlage für die Ermittlung von Verletzten ergeben. Für die Schadenssummierung bei Verletzten gilt in gleicher Weise wie bei Gebäuden:

Bei der Schadensanalyse zu einem Atomkrieg darf das Unheil unmittelbar nach den Detonationen nur als eine erste Stufe des gesamten Schadens angesehen werden. Zahlreiche Verletzungen, die unter normaler ärztlicher Betreuung in Friedenszeiten nicht als gravierend angesehen werden, sind aus mannigfachen Gründen in einem Atomkrieg kritisch: In einem erheblich zerstörten Gebiet ist kaum eine wechselseitige Erste Hilfe möglich, die Versorgung mit Wasser, Nahrungsmitteln, Wärme und Unterkunft ist fraglich. Auch wenn aus einer unzerstörten Umgebung eine Unterstützung versucht wird, so dauert die Überwindung eines Trümmerfeldes doch längere Zeit. Daher ist die Überlebensfähigkeit des Einzelnen ohne eine kurzfristige Hilfe mit anschließender ärztlicher Behandlung entscheidend im Atomkrieg. Der Mangel an sofortiger ärztlicher Behandlung trug wesentlich zu den hohen Verlusten in Hiroshima und Nagasaki bei.

Der theoretisch mögliche Rettungszuwachs durch die ärztliche Hilfe ist an eine Reihe von Voraussetzungen gebunden:

- Verfügbarkeit von Ärzten, medizinischem Pflegepersonal und Hilfskräften zur Bergung und ersten Hilfe;
- Ausreichende Versorgung: Unterkunft, Wärme bei kalter Jahreszeit, Strom, Wasser, Nahrungsmittel, Medikamente;
- Maßnahmen zur Vermeidung von Seuchen.

Für die genannten Voraussetzungen ärztlicher Hilfe ist daher vor allem die Zahl der Arbeitskräfte ausschlaggebend. In vielen Situationen wird man auf die Hilfeleistungen von leicht verletzten Personen angewiesen sein, oft wird dies bei weitem nicht ausreichen. Die Arbeitsfähigkeit ist auch aus anderen Gründen ein Kriterium bei der Beurteilung von Verletzungen. Die zwangsläufige Improvisation bei Landwirtschaft und Industrie erfordert besonders viele Arbeitskräfte. Der Aufwand für die Versorgung mit den lebensnotwendigen Gütern und die Aufrechterhaltung einer gewissen gesellschaftlichen Ordnung ist erheblich.

Als Kriterien der Beurteilung von Verletzungen sind daher hervorzuheben:

Inwieweit benötigt der Einzelne Hilfe?

Inwieweit ist der Einzelne zu Hilfe und Arbeitsleistungen fähig?

Wir unterscheiden 5 Schadenskategorien

Kategorie	*kurze Erläuterung*
0	unbeschränkte Arbeitsfähigkeit, Verletzte dieser Kategorie werden nicht bei den Ergebnissen berücksichtigt
1	beschränkte Arbeitsfähigkeit
2	Überlebensfähigkeit ohne ärztliche Hilfe
3	Lebensgefahr ohne ärztliche Hilfe
4	Tod innerhalb kurzer Zeit

Die Bedingungen des Überlebens.

Die vorgenommene Einteilung in Kategorien der Verletzungen gilt für die ersten Stunden nach Explosion der Bomben. Danach sind unterschiedliche Entwicklungen möglich. Bei hervorragender Versorgung werden fast alle Personen der Kategorien 2 und 3 überleben. Nach einiger Zeit sind sie entweder voll oder zumindest bedingt arbeitsfähig (Amputation, Leukämie, Verlust eines Auges etc.). Bei erheblichen Zerstörungen kann die Zahl der Verletzten und Toten jedoch ansteigen. Bei einer Hungersnot, bei Seuchen, bei körperlichen Strapazen wie Flucht aus einem Feuersturmgebiet oder Evakuierung aus einem Fallout-Gebiet sind die Verletzten der Kategorie 1 und 2 wesentlich mehr gefährdet als die Gesunden oder die relativ geringfügig Verletzten. Das Zusammentreffen mehrerer Belastungen ist besonders kritisch.

Die folgende Situation ist kennzeichnend für viele Kriegsbilder:

Auf einer Fläche von einigen hundert oder tausend Quadratkilometern liegt radioaktiver Fallout, der zu Tod oder Strahlenkrankheit führt. Durch rechtzeitige Warnung sowie bei Vermeidung einer Panik erreicht die Bevölkerung in den normalen Kellern einen gewissen Schutz. Eine Versorgung der Bevölkerung ist nicht möglich. Die privaten Vorräte sind nach wenigen Tagen erschöpft. Die durch Strahlenkrankheit wesentlich geschwächte Bevölkerung muß gefährliche körperliche Strapazen auf sich nehmen, um innerhalb einiger Stunden das Gebiet zu verlassen, da sonst die aufgenommene Dosis lebensgefährdend würde. Hohe Werte des Fallouts kommen in zerstörten und ebenso in unzerstörten Gebieten vor. Falls bei der Evakuierung Verschüttete geborgen werden müssen und Trümmerfelder von Häuserblocks zu überwinden sind, oder falls die vom Fallout freien Gebiete anfangs nur schwer zu ermitteln sind, so ist eine noch höhere Strahlenbelastung zu befürchten. Die körperliche Anstrengung der Überlebenden bei mangelnder Versorgung mit Nahrungsmitteln ergibt bei gleichzeitiger Strahlenkrankheit eine erhöhte Infektionsgefahr.

Bei einer Dosis von 1000 r ERD[11] ist jeder Mensch tot, bei 100 r ERD strahlenkrank. Ein vorübergehender Aufenthalt in einem Keller schirmt die Strahlung soweit ab, daß eine Evakuierung bei kurzen Entfernungen, am Rande des Falloutgebietes gelingen kann.

Die Abbildungen 5 und 6 zeigen Kriegsbilder, bei denen jeweils etwa 10% der taktischen und strategischen Kapazitäten an Atomwaffen eingesetzt werden. Es zeigt sich, daß weite Gebiete mit Fallout bedeckt sind. Im Kriegsbild der Abb. 5 sind innerhalb der ersten Stunde nur noch 13 Millionen Einwohner unbeschränkt arbeitsfähig, fast jeder zweite ist tot. Im Falle des taktischen Atomkrieges der Abb. 6 sind 10 Millionen Menschen verletzt oder tot. Auf das Verhalten des Einzelnen im Falloutgebiet kann hier nicht detailliert eingegangen werden. Unser Mitarbeiter A. Pfau vom Max-Planck-Institut für Tierzucht und Tierernährung in Mariensee hat in seinem Beitrag die Situation von Mensch, Tier und Pflanze im Falloutgebiet dargestellt.[12] Er erläutert im einzelnen, wie lange man im Keller bleiben muß und wie schnell man

[11] Röntgen Equivalent Residual Dose; zur Strahlendosis siehe: A. Pfau, »Kriegsfolgen und Kriegsverhütung«, S. 587 ff.

[12] Ebda.

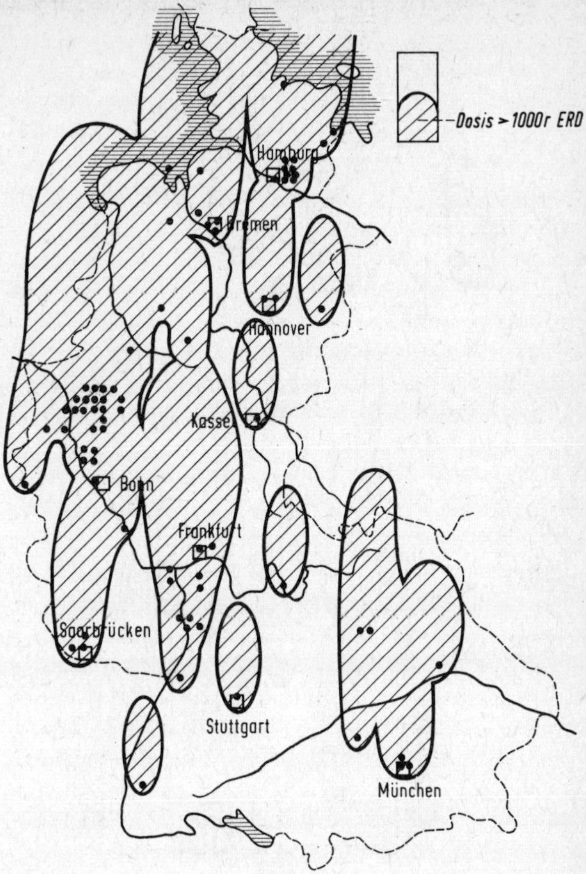

Abb. 9: Radioaktiv verseuchte Flächen bei einem Kriegsbild mit 76 Kernwaffen zu je 2 Mt Detonationsstärke auf Ziele in dichtbesiedelten Gebieten der BRD. Dies entspricht dem Angriff mit strategischen Kernwaffen auf Städte.

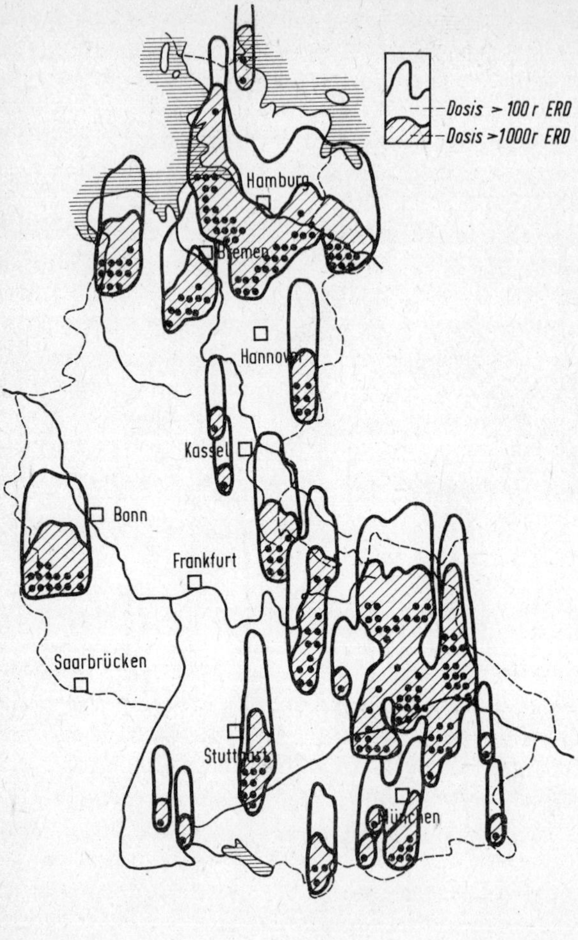

Abb. 10: Radioaktiv verseuchte Flächen bei einem Kriegsbild mit 800 Kernwaffen zu je 20 Kilotonnen auf Ziele in dünn besiedelten Gebieten der BRD. Jeder Punkt bedeutet den Einsatz von 4 Bomben. Dies entspricht einer unteren Grenze des Schadens bei einem taktischen Atomkrieg der Streitkräfte.

aus einem Falloutgebiet hinausgelangen muß, damit die Dosis eine bestimmte gefährliche Grenze nicht überschreitet. Es werden Schutzräume verschiedener Bauweise bei verschiedenen Evakuierungszeiten beurteilt. Wenn in einem Gebiet sehr intensiver radioaktiver Strahlung nur ein teurer Bunker den Tod für die ersten Tage verhindern kann, so bleibt in jedem Fall die Evakuierung aus dem radioaktiven Trümmerfeld äußerst problematisch. Ein Blick auf die tödliche Dosis für Tiere und Pflanzen[13] genügt, um zu sehen, daß bei allen Maßnahmen der zivilen Hilfe für die Bevölkerung im Krieg eine Grenze unüberbrückbar ist. Wenn das Gleichgewicht der Natur zerstört wird, so ist der Mensch seiner Existenzgrundlage beraubt. Bei 1000 r ERD (vergleiche Abb. 5 und 6) sind die meisten Säugetiere tot. Bei 7500 r ERD ist das Weideland zerstört; für Getreide und Bäume gelten ähnliche Werte.

3. Wirtschaft und Gesellschaft

a) Agrarwirtschaft

Für Aussaat, Feldarbeit und Ernte in einem Falloutgebiet kann man keine Regeln aufstellen. Bricht die Versorgung zusammen, so wird man unter Umständen ein größeres Risiko der Strahlenkrankheit eingehen. Neben der Zerstörung wirkt sich vor allem die Trennung der intakten Gebiete durch breite Falloutflächen wirtschaftlich und agrarwirtschaftlich negativ aus. Weitere Voraussetzungen der Ernährung wurden bei E. Rahner in der PROGNOS-A. G. in Basel untersucht.[14] Ein eigenes mathematisches Simulationsmodell erlaubt einen systematischen Über-

[13] Ebda. S. 650 und 653.

[14] E. Rahner: »Die Zerstörung des Agrarpotentials und die Überlebenschancen der Bevölkerung – ein Simulationsmodell«, ebda. S. 495 ff.

blick. Kritisch sind Engpässe bei der Mineralölversorgung, teilweise beim kommerziellen Saatgut, bei der Elektrizität (Dreschmaschinen) und bei den Düngemitteln. Die Zulieferung zur Landwirtschaft ebenso wie die Verteilung der Nahrungsmittel ist vom Ausmaß der Zerstörung abhängig. So kann für jedes Gebiet ein kritischer Zerstörungsgrad angegeben werden, oberhalb dessen die Ernährungslage auch bei guter Organisation und Zusammenarbeit der Bevölkerung schwierig wird. Diese Grenze wird bei den Kriegsbildern der Abb. 5 und 6 in etwa erreicht.

b) Kritische Werte bei der Schadenssummierung

Einen Schlüssel zum politischen Verständnis der Kriegsfolgen bietet die dreifache Abstufung[15]

Schwerer Schaden
Politische Vernichtung
Physische Vernichtung.

Dabei ist *schwerer Schaden* so definiert, daß mit etwa 10 Millionen Toten zu rechnen ist, dazu kommt eine erhebliche Zahl von Verletzten. Die Kapazitätseinbußen der Industriezweige liegen um 20%. Die Zerstörungen sind in ihrer Summe jenen des zweiten Weltkrieges vergleichbar. Die zentrale Rolle der Organisation wird in einer Untersuchung der Verhältnisse nach dem zweiten Weltkrieg deutlich.[16] Aufgrund der Zerstörung innerhalb

[15] Utz-Peter Reich: »Die wirtschaftlichen Schäden eines atomaren Krieges in der BRD und ihre Folgen«, ebda. S. 199.

[16] Ebda. Seite 260: »Die kritische Ernährungslage wurde durch die übrige Minderung der Lebenshaltung verschlimmert. Der Verbrauch an Hausrat und Heizung ging auf 20%, der an Bekleidung sogar auf 10% des Standes von 1938 zurück.

Die Hauptursache für die wirtschaftliche Notlage der Nachkriegszeit war der Zusammenbruch der Organisation. Diese These stützt sich auf folgende Argumente:

1. Obwohl es 1944 die größten Kapazitätsverluste gab, wurde die Produktion aufrechterhalten; dagegen fiel ihr Zusammenbruch zeit-

wesentlich kürzerer Zeit sind im Atomkrieg jedoch die organisatorischen Folgen weitaus schlimmer. Eine Regeneration der Wirtschaft ist möglich, aber keinesfalls sicher.

Eine Erhöhung der Anzahl eingesetzter Atombomben um wenige Prozent (je nach Einsatzart auf 5 bis 15% der in Europa vorhandenen Waffen) bedeutet die *politische Vernichtung*. Fast jede oktroyierte Gesellschaftsform dürfte akzeptiert werden, wenn sie mit wirksamer Hilfe verbunden ist: Die Bevölkerungsverluste betragen etwa 20 Millionen. Die Hälfte der Industriekapazität ist zerstört. Die Versorgung mit Lebensmitteln, Mineralöl, Medikamenten usw. bricht zusammen. Nachdem die selbständige Regeneration der Industrie und Agrarwirtschaft nicht möglich ist, kann die soziale Ordnung der BRD in den Monaten nach dem Atomkrieg keinen Bestand haben. Vorstellbar wäre allenfalls die Annexion des Gebietes, welche nur bei einem starken Engagement eines Besatzers denkbar ist.

Bei der *physischen Vernichtung* ist mehr als die Hälfte der Bevölkerung innerhalb kurzer Zeit tot. Von den übrigen sind nur wenige unverletzt. In den ausgedehnten falloutverseuchten Trümmerfeldern besteht kaum eine Überlebenschance. Die Hilfe einer äußeren Macht kann auch bei erheblichen Anstrengungen den Rest der Bevöl-

lich genau mit dem Zusammenbruch der Organisation zusammen (1945).

2. Die Produktion begann wieder – nicht mit einem Kapazitätszuwachs, sondern allein mit einer Reorganisation, der Währungsreform. Während noch im ersten Halbjahr 1948 die industrielle Produktion ebenso wie im Vorjahr bei 45% der Produktion von 1936 stagnierte, stieg sie nach der Währungsreform im zweiten Halbjahr 1948 um 50%.«

Rechengrundlage: *Zwei* % der 800 sowjetischen Mittelstreckenraketen mit Atombomben von je 2 Mt Sprengkraft bei einem Einsatz gegen Großstädte. *Zehn* % der taktischen Atomwaffen bei Einsatz mit je 20 kt Sprengkraft (mittlerer Wert, im Einzelfall wird ein Kaliber von rund 1 bis 200 kt festgelegt, eine offene politischmilitärische Vereinbarung besteht nicht) im Rahmen des Kampfes der Streitkräfte unter Vermeidung dicht besiedelter Gebiete.

kerung kaum vor den Folgen bewahren. Die physische Vernichtung wird bei dem Einsatz von 10 bis 20% der in Europa vorhandenen Waffen erreicht.

Die drei Schadensstufen liegen innerhalb geringer Variationsbreite der militärischen Strategie. Da der Eskalationsmechanismus ungewiß ist[17], kann eine strategische Festlegung auf die untere Schadensstufe kaum gelingen. Der schwere Schaden ist ersichtlich die äußerste Grenze dessen, was politisch im Rahmen der Verteidigung oder für die Abschreckung als »akzeptabel« angesehen werden könnte. Zwei bis zehn Prozent der Kapazität an Atomwaffen in Europa genügen aber bereits für diese Verwüstung. Für die Europäer stellt sich hier die Frage nach dem politischen und militärstrategischen Sinn der restlichen 90 bis 98 Prozent Atomwaffen.

[17] Zur Erläuterung siehe 2. und 3. These S. 18 ff.

V. Die Hilfe für die zivile Bevölkerung

Die Entstehung der Studie »Kriegsfolgen und Kriegsverhütung« hängt eng mit dem Zivilschutz zusammen.[1] Vorangegangen war der Kriegsfolgenstudie eine Arbeit der Vereinigung Deutscher Wissenschaftler mit dem Titel »Ziviler Bevölkerungsschutz heute«.[2] Im Laufe der daran anknüpfenden Arbeit verschoben sich die Akzente notwendigerweise von »Kriegsfolgen« zur »Kriegsverhütung«. Auch die Frage der Zivilverteidigung erhielt dadurch einen anderen Stellenwert.

Von einer Studie, die an Kriegsfolgen orientiert ist, darf man Aufschlüsse darüber erwarten, welche Schutzmaßnahmen welchen Effekt haben. Man wird technische Ratschläge für eine möglichst effektive Gestaltung des Zivilschutzes erwarten. Kriegsverhütung im weitesten Sinne ist dagegen das Gesamtfeld der Politik. Hier ist also die Frage gestellt, welche Rolle der Zivilverteidigung im Gesamtkomplex der Politik der Bundesrepublik zukommt.

Die Bundesrepublik gibt im Jahre etwa 26 Milliarden DM für die militärische Verteidigung aus, mehr oder weniger, je nachdem wie weit man den Bereich definiert. Dagegen wurden von 1960–1970 für Zivilverteidigung insgesamt nur rd. 5,7 Milliarden DM ausgegeben, 1970 rd. 440 Millionen DM, d. h. rund ein Fünfzigstel der für militärische Verteidigung aufgewandten Beträge.[3] Solange man seinen Blick auf den Teilaspekt Sicherheit gegen militärische Bedrohung von außen beschränkt, kann man daher dem oft ausgesprochenen Satz zu folgen ge-

1 Vgl. von Weizsäcker in »Kriegsfolgen und Kriegsverhütung« Seite 3.

2 »Ziviler Bevölkerungsschutz heute«, 2. Aufl. Frankfurt 1963.

3 Bundesamt für Zivilen Bevölkerungsschutz. Symposion 1971. S. 7.

neigt sein: Es muß endlich für eine ausgewogenere Mittelverteilung gesorgt werden.[4]

Was ausgewogen heißt, darüber gehen freilich die Meinungen auseinander. Aus dem Konzept einer sogenannten Gesamtverteidigung die Gleichberechtigung einer militärischen und einer zivilen Komponente abzuleiten, ist sicher nicht möglich; denn Verteidigung ist per definitionem eine militärische Aufgabe, und »Zivilverteidigung« ist insofern ein widersprüchlicher Begriff. Gemeint ist mit den Ausgaben, die unter diesem Titel geführt werden, der Schutz der Bevölkerung während der Verteidigung, so daß als erste Frage die nach der Wirkung dieses Schutzes im Fall eines Krieges zu stellen ist.

Die hier relevantesten Ergebnisse unserer Analysen sind:

1. Konventionell ist die Bundesrepublik nicht zu verteidigen (vgl. oben These 1).

2. Bruchteile der bei jeder einzelnen Supermacht in Europa vorhandenen nuklearen Kapazitäten, also sowohl Bruchteile des amerikanischen als auch des russischen Potentials an Kernwaffen, reichen aus, um die BRD als unabhängige Industriegesellschaft auszuschalten (politische Vernichtung).[5]

3. Diese Aussage gilt sowohl dann, wenn die Kernwaffen in den am dichtesten bevölkerten Gebieten zur Explosion gebracht werden, als auch dann, wenn bevorzugt die am wenigsten bevölkerten Gebiete zum Explosionsort gewählt werden.

Darüberhinaus reichen die Kapazitäten hin, die Bevölkerung physisch zu vernichten (ausrotten).

Kann nun eine Supermacht an der Vernichtung der

[4] Vgl. z. B. H. A. Thomson in: Zivilverteidigung H. 1/2 (1970) S. 6: »Die Gesamtverteidigung – bestehend aus der militärischen und zivilen Säule – . . . ist disbalanciert.«

[5] Vgl. über die Definition des Begriffes S. 107 und »Kriegsfolgen und Kriegsverhütung«, S. 36.

Bundesrepublik dadurch gehindert werden, daß die BRD Maßnahmen des zivilen Bevölkerungsschutzes trifft?

Zunächst ist zu bedenken, daß zur Lebensfähigkeit einer Industriegesellschaft nicht nur Menschen gehören, sondern auch Wirtschaftspotential und wirtschaftliche Organisationsfähigkeit. Die Wirtschaft der BRD läßt sich durch Zivilschutzmaßnahmen nicht schützen. Es gibt dafür auch kein Programm. Es gibt Pläne, hier und da ein wichtiges Elektrizitätswerk oder ähnliche Versorgungsanlagen zu schützen, aber ein Schutz des Wirtschaftspotentials als Ganzes ist nicht vorgesehen.

Weiter ist hier die Anfälligkeit der Organisation zu beachten. Wir haben in »Kriegsfolgen und Kriegsverhütung« auf ein Beispiel aus der deutschen Geschichte hingewiesen, wie durch die Wiederherstellung eines Organisationsmittels, des Geldes, in der Währungsreform die Produktivität ohne Kapazitätsänderung schlagartig stieg. Anders ausgedrückt: Durch die Wegnahme eines Organisationsmittels ist selbst bei unveränderten Kapazitäten eine totale Veränderung des Wirtschaftsgefüges und ein Zusammenbruch möglich. Materielle Zerstörungen der Wirtschaft sind natürlich stets auch organisatorische, jedoch sollte die Tatsache, daß erstere leichter zu berechnen sind, nicht darüber hinwegtäuschen, daß in einer hochindustriellen Wirtschaft das Ausmaß der gerade vorhandenen Anlagekapazitäten weniger wichtig ist als eine reibungslose ökonomische Organisation. Wieweit letztere die Zerstörungen eines Krieges aushalten würde, haben wir abzuschätzen versucht.[6] Die Chancen sind gering. Denn im Unterschied zu den Erfahrungen des 2. Weltkriegs werden in einem atomaren Krieg die Schäden nicht punktuell im Laufe mehrerer Jahre auftreten, sondern ziemlich gleichzeitig an verschiedenen Orten, was organisatorisch weitaus schwerer zu bewältigen ist.

6 »Kriegsfolgen und Kriegsverhütung«, S. 246 ff.

Kann die Wirtschaft nicht geschützt werden, wieweit läßt sich durch Zivilschutz jedenfalls bewirken, daß größere Teile der Bevölkerung den Angriff überleben? (Die Frage, wie die überlebende Bevölkerung ernährt, gewärmt, bekleidet und medizinisch versorgt werden soll, ist zunächst also ausgeklammert, ebenso die Frage, wovon der Lebensunterhalt der Bevölkerung auf die Dauer bestritten werden soll.)

Es zeigt sich: Bei dem Einsatz *weniger* Kern- oder entsprechender konventioneller Waffen im Gebiet der BRD würde ein *weit*ausgedehntes Schutzraumprogramm Teile der Bevölkerung vor dem unmittelbaren Tod retten. Um die Kosten, mit denen dieser Rettungszuwachs erkauft wird, zu berechnen, muß man davon ausgehen, daß man vorher nicht weiß, wo die Waffen explodieren. Der Schutzraumbau müßte daher auf die ganze BRD erstreckt werden. Wenn zwei oder drei Atombomben fallen, werden aber weniger als ein Promille dieser Schutzräume wirksam, die übrigen sind nutzlos, entweder weil die Insassen sich so weit vom Explosionsort befinden, daß sie auch ohne Schutzraum überlebt hätten, oder umgekehrt, so nah daran, daß sie der Schutzraum nicht rettet.[7]

Nehmen wir an, ein Schutzplatz kostet im Durchschnitt DM 1500,–.[8] An Wohn- und Arbeitsstätten müßten mindestens 60 Millionen Schutzplätze zur Verfügung stehen. Rettet jeder Tausendste davon im Falle des begrenzten Einsatzes einen Menschen, so ergeben sich 60 000 Bunkerinsassen, die zunächst zusätzlich überleben. Der Aufwand hierfür beträgt aber 90 Milliarden DM, d. h. je vor-

[7] Einsatzort, Art und Explosionsstärke der Waffen sind hier die entscheidenden Parameter, vgl. die Berechnungen von Ph. Sonntag in »Kriegsfolgen und Kriegsverhütung«, S. 85 ff und S. 104 ff.

[8] Diese Annahme liegt unter den Erfahrungssätzen des Ausbaus öffentlicher Schutzräume auf 3 atü Überdruckresistenz (2000 bis 3000 DM je Schutzplatz). Als Durchschnittswert genommen ist sie deshalb eine optimistische Annahme. In Wirklichkeit dürften die Kosten höher liegen.

läufig Gerettetem 1,5 Millionen DM. Das ist ein Betrag, der produktiv angelegt, je Jahr mindestens 90 000,– DM Zinsen abwerfen würde. Bei einem angenommenen Familieneinkommen von DM 15 000,– könnten sechs Familien, d. h. etwa 15 Personen davon ihren gesamten Lebensunterhalt bestreiten.

Kommt gar nur ein Fünftausendstel der Schutzplätze zur Wirkung, so reduziert sich die Zahl der vorläufig Geretteten auf 12 000, liegt also unter der Zahl der jährlichen Verkehrstoten. Und dies zu einem Aufwand von 90 Milliarden DM, wovon Massenverkehrsmittel in Städten und Magnetschwebebahnen in der BRD finanziert werden könnten, die in der täglichen Realität und nicht nur in einem hypothetischen Fall mit geringer Wahrscheinlichkeit, wie dies ein begrenzter nuklearer Angriff ist, einen Rettungszuwachs zur Folge hätten.

Der Kostenaufwand eines ausgedehnten Schutzraumprogramms ist also hoch, der Rettungseffekt dagegen gering, ihr Verhältnis – im Sinne einer Nutzen-Kosten-Analyse – extrem schlecht.

Plant man, weil ein ausgedehntes Schutzraumprogramm wegen seiner absoluten Kosten ohnehin unrealistisch ist, nur ein »bescheidenes«, ändert das nichts an dem ungünstigen Nutzen-Kosten-Verhältnis. Denn je weniger Schutzplätze man baut, um so geringer ist die Wahrscheinlichkeit, daß einer von ihnen gerade in solchem Abstand vom Explosionsort liegt, daß er wirksam ist.

Es ist klar, daß ein großes Schutzbauprogramm nicht durchzusetzen sein wird. Seine Realisierung wäre ein klassisches Beispiel für öffentliche Verschwendung. Aber auch die bisherigen Ansätze, wenigstens einige aufwendige Schutzräume in der BRD zu produzieren, z. B. den Schutzraum privater Bauherren zu subventionieren, fallen unter dieses Urteil.

Anders sähe das Bild natürlich aus, wenn nicht ein Bruchteil, sondern *jeder* oder doch fast jeder hypothetische Schutzplatz einen Rettungsgewinn versprechen könnte.

Dazu muß die Annahme weniger Explosionen aufgegeben und durch die Annahme vieler Explosionen an verschiedenen Orten der BRD ersetzt werden. Dadurch steigt zunächst einmal die Chance, daß die Insassen überhaupt von einer Explosion betroffen werden. Das entsprechende Kriegsbild hat jedoch einen anderen Charakter als das des geringen Bombeneinsatzes. Dort, wo der Überdruck so hoch ist, daß nur ein Druckschutzraum das unmittelbare Überleben ermöglicht, oder wo der Fallout so intensiv ist (10 000 bis 100 000 Röntgen), daß nur ein Bunker Schutz bietet, sind Bergung und Evakuierung unmöglich, denn das Gebiet ist durch Trümmer, radioaktiven Fallout, verwesende Leichen unbetretbar geworden. Sollten also auch nur in einem Tausendstel der Schutzräume Menschen zunächst überleben, werden sie innerhalb einer zerstörten Fläche von mehreren 100 oder 1000 Quadratkilometern gefangen sein (die Bundesrepublik hat rd. 250 000 qkm).

Bei einer Strahlendosis von 100 bis 300 Röntgen (innerhalb oder außerhalb von Schutzräumen) wird die Mehrheit der Bevölkerung die nächsten Tage und Wochen überleben. Die hygienischen Verhältnisse jedoch sind katastrophal. Strahlenkrankheit heißt Erbrechen, Durchfall, Ermattung des Körpers bis zur Apathie, erhöhte Anfälligkeit für Seuchen.

Gelingt trotz allem in einigen Fällen eine erste Hilfe, warten die notdürftig Versorgten auf einen Arzt, so ist das Verhältnis ein Arzt auf rd. 700 Bewohner der BRD ein hoffnungsloser Engpaß.

Die Behauptung, daß auch unter solchen Bedingungen ein Schutzraumprogramm Menschen rettet, ist unhaltbar. Entsprechende Darlegungen[9] beziehen immer wieder nur die allererste Zeit nach den Detonationen in die Planung

[9] »Hat jeder eine Chance?«, »Der kluge Mann baut tief«, »Die Kunst zu überleben«, alle Osang-Verlag, München.

ein, vernachlässigen aber die zentrale Rolle der Organisation, die unvermeidlichen Engpässe der Wirtschaft und Landwirtschaft.

Sie sind politisch prekär und wecken mit ihren Verhaltensvorschriften falsche Hoffnungen. Denn es gibt in einem Atomkrieg keine Verhaltensregeln. Zum Beispiel kann ein spontanes Löschen der entflammten Stoffe unmittelbar nach einer Explosion wirksam sein, andererseits kann niemand voraussehen, ob weitere Explosionen die Löschenden gefährden.

Der Aufenthalt im Keller ist bei Brand höchst gefährlich: Es drohen Verschüttung, Vergiftung, Sauerstoffmangel und Hitzetod – Gefahren, die auf offener Straße geringer sind. Andererseits schirmt der Keller gegen den Explosionsblitz, herumfliegende Trümmer und in Grenzen gegen Fallout ab.

Der übliche Mangel an Verständnis für organisatorische und speziell medizinische Erfordernisse im Atomkrieg zweigt sich bei einer Aufstellung der Zeitschrift »Zivilverteidigung«[10]. Während einerseits der Mangel an größeren Investitionen beklagt wird, wertet man andererseits den Betrag von 250 Millionen DM für Lager mit Arzneimitteln, Verbandstoffen und ärztlichen Geräten als »befriedigendes Ergebnis«.

Fassen wir das Ergebnis zusammen, so ergibt sich:

1. Lokale und in den militärischen Mitteln sehr begrenzte Übergriffe lassen sich durch konventionell ausgerüstete Streitkräfte bereinigen. Der Einsatz solcher Verbände ist glaubhaft, die Eskalationsgefahr ist gering, solange die Ausdehnung des Konfliktes begrenzt bleibt. Schutzbauten haben in dem betroffenen Gebiet einen gewissen Effekt, jedoch ist der Aufwand, mit dem er erkauft würde, unverhältnismäßig hoch.

2. Für den Fall eines umfassenden atomaren Angriffs auf Europa und die Vereinigten Staaten wird die umfas-

10 Zivilverteidigung 1/2, 1970, Seite 23.

sende nukleare Vergeltung durch die USA angedroht. Die Vergeltung ist für diesen Fall auch unter der heute vorhandenen Patt-Situation der Supermächte glaubhaft. Die Gefahr der gegenseitigen Vernichtung wider Willen bleibt allerdings bestehen.

Ein deutscher Zivilschutz kann zur Abschreckung vor einem Angriff auf die USA keinen Beitrag leisten. Versagt die Abschreckung aber und greift der umfassende Atomkrieg auf Europa über, so entstehen extrem große Schäden; Schäden also, bei denen nicht einmal ein geringer Rettungszuwachs durch irgendwelche »Zivilverteidigung« belegt werden kann, geschweige denn einer, der durch sein Ausmaß die Abschreckung beeinflußt.

Infolgedessen kann man aus dem (noch) Funktionieren der großen Abschreckung kein Argument für Zivilschutz in Deutschland ableiten. (Eine völlig andere Frage wäre, inwieweit eine amerikanische Zivilverteidigung in diesem Konzept eine positive oder negative Rolle spielen würde, wenn es eine aufwendige Zivilverteidigung in den Vereinigten Staaten gäbe.)

3. Militärisch kritisch ist der Bereich zwischen den Extremen. Hier gilt: Eskaliert der Konflikt gegen die Absicht der Strategie der »flexible response«, so geht dieser Fall in den Fall der ausgedehnten nuklearen Kriegsführung in Europa über, für den das »Weißbuch« unseres Erachtens zu Recht schreibt, daß er der Vernichtung gleichzusetzen ist. Für Zivilschutzmaßnahmen bleibt daher keine Erfolgswahrscheinlichkeit. Wird, wie die NATO-Doktrin als wahrscheinlich annimmt (wobei man darüber streiten muß, wie hoch diese Wahrscheinlichkeit ist) der Konflikt spätestens nach der nuklearen Demonstration durch Kapitulation der einen oder der anderen Seite abgebrochen, so ist der Schaden per definitionem begrenzt.

Die Demonstration selbst kann die NATO nun zwar auf Schadensminderung optimieren (es wird z. B. von Demonstrationen über der Ostsee gesprochen). Andererseits kann der Ort der Demonstration allenfalls vorherbestimmt, aber nicht bekannt gemacht werden. (Man kann nicht in X-Dorf Bunker bauen um zu sagen, da wollen wir nuklear demonstrieren.) Überdies wissen wir nicht, wie und wo die Gegenseite reagiert.

Ist also der Bau aufwendiger Schutzräume wegen Unwirtschaftlichkeit abzulehnen, gibt es doch eine Reihe anderer Maßnahmen, die der Bevölkerung in manchem Kriegsfall dienlich sein können und sich vom Schutzbau entweder durch geringe Kosten oder durch ihre Ortsungebundenheit unterscheiden.

Rettungstrupps, die aus der ganzen BRD nach Beendigung der militärischen Katastrophe helfend in den Randgebieten der Verwüstung eingreifen, sind mit hoher Wahrscheinlichkeit von Nutzen. Vorbereitete ärztliche Versorgung für die große Zahl der Verletzten, Notunterkünfte für die Obdachlosen und die aus dem Fallout-Gebiet Fliehenden bzw. Geretteten, Lebensmittel und Medikamente für die Kranken würden ebenfalls mit hoher Wahrscheinlichkeit unter der Annahme dieses Katastrophenfalles wirksam. Was an Material im Kriegsgebiet vernichtet ist, kann von außen ergänzt werden. All diese Maßnahmen setzen voraus, daß die Infrastruktur der BRD im wesentlichen intakt ist, also die Begrenztheit des Waffeneinsatzes. Nur in diesem Fall gibt es aber überhaupt die Möglichkeit sinnvoller Hilfe.

Ergibt sich nun eine andere Wertung, wenn man angesichts der Unmöglichkeit der Verteidigung den Abschreckungsgesichtspunkt in den Vordergrund stellt?

Derartige Begründungen werden häufig in einem schwer auflösbaren Argumentationskonglomerat zwischen Abschreckung auf der einen Seite und Vorstellungen über die Führbarkeit eines Krieges auf der anderen Seite vorgebracht. Typisch hierfür ist vielleicht die Begründung, die H. A. Thomsen, der Leiter der Abteilung

»Zivile Verteidigung« im Bundesinnenministerium, zur Einführung der Zeitschrift »Zivilverteidigung« gibt:

»... Die schwache Ausgestaltung der Zivilverteidigung, die insbesondere die Überlebenschance der Zivilbevölkerung in der Schutzraumfrage bisher nicht abdeckt, kann unsere militärischen Verteidigungsanstrengungen im Effekt mindern und ist somit auch nicht ausreichend zur Erhaltung der Widerstandsmoral im Ernstfall ... Für den Fall eines kriegerischen Gewaltaktes, dem wir nicht ausweichen können, besteht die Notwendigkeit, wenigstens für eine Chance zum Überleben unserer Bevölkerung, für die Operationsfreiheit der militärischen Verbände und für die Voraussetzung einer ständigen Unterstützung der militärischen Verteidigungsgemeinschaft aus allen zivilen Versorgungs- und Hilfsquellen, ja sogar für den Anlauf eines Wiederaufbaues nach dem Überleben vorgesorgt zu haben.«

Daß die »Operationsfreiheit der militärischen Verbände«, die »ständige Unterstützung der militärischen Verteidigungsgemeinschaft aus den zivilen Versorgungs- und Hilfsquellen«, die »Aufrechterhaltung der Widerstandmoral im Ernstfall« Begriffe und Aufgaben sind, die einem Weltkrieg-II-Denken entsprechen und heute nur dann noch einen Platz hätten, wenn eine Verteidigung der Bundesrepublik möglich wäre, bedarf nach unseren oben wiedergegebenen Analysen kaum noch der Wiederholung. Mit der Zurückweisung dieser Behauptungen in ihrer wörtlichen Bedeutung würde man aber der Ansicht des Verfassers jenes Artikels nicht vollständig gerecht werden. Dient doch gerade die Vorbereitung solcher Maßnahmen nach allseitigem Verständnis der Abschreckung, d. h. der Verhinderung des Falles, in dem sie wirksam werden müßten. Die Frage ist also, inwieweit die Zivilverteidigung integrierender Bestandteil unserer Abschreckung ist.

Wie wir festgestellt haben, ist ein für beide Seiten unkalkulierbares Risiko das wesentliche Element unserer Sicherheitspolitik. Darauf hat der Zivilschutz keinen strategischen Effekt. Er ist strategisch irrelevant. Denn gleich wieviel Mittel aufgewendet werden, kann doch dadurch niemals einer der beiden Supermächte die Möglichkeit genommen werden, die Bundesrepublik in beliebigem Maß zu zerstören, ohne daß sie dazu ihr heutiges Arsenal vergrößern müßte.

Strategische Relevanz erhielte die Zivilverteidigung im Konzept des unkalkulierbaren Risikos nur, wenn sie aus dem Konzept herausführen würde, indem sie das Leben der Zivilbevölkerung und das Überleben der Wirtschaft wenigstens in wichtigen Teilen garantierte.

Dann allerdings hätten wir ein ganz anderes strukturelles Abschreckungskonzept. Aber das ist – wie wir in der Studie »Kriegsfolgen und Kriegsverhütung« nachgewiesen haben – angesichts der vorhandenen Kapazitäten an Kernwaffen selbst mit dem aufwendigsten Schutzraumprogramm nicht mehr denkbar. Der Ausbau der militärischen Vernichtungskapazitäten auf beiden Seiten in den letzten 10 Jahren hat diesen Ausweg verschlossen. Der Kriegsfall, in dem Hilfsmaßnahmen etwas nützen, ist der des geringen Waffeneinsatzes. Solche Maßnahmen haben keine strategische Bedeutung.

Wendet man den Blick von den mehr oder minder wahrscheinlichen, jedenfalls hypothetischen Kriegsbildern nun einmal auf die Realität der Gegenwart, so braucht man sich nicht zu besinnen, um den begrenzten Krieg als relativ unbedeutend gegenüber den »friedlichen«, dafür aber vorhandenen Katastrophen einzustufen: Jährlich sterben 20 000 Menschen durch Verkehrsunfälle, ½ Million werden verletzt. Unfälle bei der Arbeit und im Haushalt sind an der Tagesordnung, Naturkatastrophen und Engpässe der Versorgung (Mißernten, Überlastung von Verteilernetzen usw.) treten mit statistischer Regelmäßigkeit innerhalb und außerhalb der BRD auf. Öl-, Explosions-, Reaktorunfälle sind nur Beispiele vieler möglicher technischer Unfälle, und schließlich sind auch medizinische Katastrophen (Epidemien) nicht nur hypothetisch.

Es ist sinnvoll, den Zivilschutz aus der engen Orientierung an einem hypothetischen Kriegsbild zu lösen und auf eine allgemeine Katastrophenhilfe hin zu konzipieren. Dadurch wird einerseits die Berechtigung von Ausgaben für den Zivilschutz als Teil eines Katastrophendienstes gestärkt, andererseits muß auch der allgemeine Katastrophendienst seine Ausgaben gegenüber anderen dringenden Ansprüchen rechtfertigen:

Unsere Flüsse stinken; unsere Städte sind verstopft, laut und oft unter Abgaswolken. Ärzte fehlen und für neue Ärzte fehlen die Universitäten. Schulen und Vorschulen zur gerechten Verteilung der Bildungschancen fehlen[11], ebenso wie Kindergärten und Kinderspielplätze. Das Trinkwasserproblem wird nach Ansicht der Sachverständigen kritisch usw. Das heißt aber, im öffentlichen Budget treffen Zivilschutzanforderungen ebenso wie Verteidigungsanforderungen auf einen massierten Nachholbedarf anderer, konkurrierender öffentlicher Aufgaben. Und damit stellen sie sich den Prioritäten, die zwischen all diesen Aufgaben zu setzen sind.

Wer daher auf dem Gebiet der Zivilverteidigung bestimmte Maßnahmen durchsetzen will, den trifft eine doppelte Beweislast: Erstens, er muß beweisen, daß eine bestimmte Katastrophe wahrscheinlich eintreten wird und daß die von ihm geforderte Maßnahme beim Eintritt der Katastrophe wahrscheinlich einen Rettungsgewinn hervorbringt. Zweitens, er muß beweisen, daß dieser Nutzen mit dem erforderlichen Aufwand nicht zu teuer erkauft ist.

[11] Vgl. die harte Kritik des OECD-Reports über das Bildungswesen der Bundesrepublik (Auszüge in Südd. Zeitung vom 8.12.1971).

Man mag sich dieses Kriterium in einer Formel modellhaft vorstellen:

$$\text{Nutzen} = \frac{\text{w(Schaden)} \cdot \text{e(Rettung)}}{\text{Kosten}}$$

In Worten: Der Nutzen einer Maßnahme ist gleich der Wahrscheinlichkeit des schadenstiftenden Ereignisses mal Erwartungswert des durch die Maßnahme bewirkten Rettungszuwachses dividiert durch den zugehörigen Kostenaufwand.

Zur Bestimmung der Prioritäten für den Mitteleinsatz sind die Nutzensquotienten verschiedener Maßnahmen für verschiedene öffentliche Bedürfnisse zu vergleichen.

Das folgende Beispiel möge den formelhaften Ansatz verdeutlichen:

Würde etwa durch ein Hilfskrankenhaus (eine bestimmte Maßnahme) in einer häufig eintretenden Überschwemmung (hoher Wert für w[Schaden]) effektive Hilfe geleistet (hoher Wert für e [Rettung]), bei relativ geringen Vorsorgekosten (geringer Wert für K), so würde ein hoher Nutzensquotient erreicht. Ergibt sich der hohe Nutzen des Hilfskrankenhauses auch noch bei weiteren wahrscheinlichen Katastrophen mit hinreichender Wahrscheinlichkeit, so ist dem Bau des Hilfskrankenhauses eine hohe Priorität zuzubilligen.

Eine derartige Rechnung erfordert oft eine detaillierte Bestandsaufnahme, welche ohne umfassende Hinzuziehung von Fachleuten, Hilfsorganisationen und Verwaltungsbeamten nicht möglich ist. Dabei werden manche Zahlen nur in etwa präzisierbar sein. Entscheidend ist jedoch die Art der Prioritätenbildung und die Möglichkeit einer vergleichenden Übersicht verschiedener Maßnahmen. Es gibt aber auch Fälle, bei denen die Priorität nach dieser Formel relativ leicht nachgewiesen werden kann: Bei den Verkehrsunfällen z. B. sind die Daten verhältnismäßig gut ermittelt: 20 000 Tote und eine halbe Million

Verletzte pro Jahr. Die technischen Möglichkeiten eines Rettungszuwachses werden deutlich, wenn man beachtet, daß etwa die Hälfte der Toten nicht in den ersten zehn Minuten nach dem Unfall gestorben ist, sondern danach. Die Wartezeit bis zum Eintreffen der Helfenden beträgt jedoch oft mehr als eine halbe Stunde. Um den Unfallrettungsdienst auf einen modernen Stand zu bringen, werden Beträge um 300 bis 360 Millionen DM gefordert. Der Tod kann in mehreren 1000 Fällen vermieden werden, der exakte Rettungszuwachs ist unter den Rettungsexperten strittig. Selbstverständlich wäre ein verbessertes Meldesystem, eine höhere Zahl moderner Rettungswagen etc. auch in anderen Situationen eine wirksame Hilfe, so bei den mit 20 000 pro Jahr angegebenen Notfalltoten.[12] Die volkswirtschaftliche Kostendeckung scheint aber bereits allein durch den Rettungszuwachs bei Verkehrsunfällen gegeben zu sein.

Eine andere Gruppe von Fällen, in denen bereits bekannte Tatsachen eine Prioritätenentscheidung zulassen, sind die Fälle, in denen das Produkt aus Wahrscheinlichkeit der Katastrophe und Wahrscheinlichkeit des Rettungserfolges nahe null ist. Hierzu gehören insbesondere Fälle, in denen man sagen kann, daß die Wahrscheinlichkeit eines bestimmten Ereignisses nach allgemeiner Überzeugung fast null ist. Die Annahme ist berechtigt, wenn das Ereignis z. B. nirgendwo in den Planungen erscheint. Die allgemeine Überzeugung kann natürlich falsch sein. Aber jeder, der dies bestreitet, trägt hier die Beweislast und gegen die allgemeine Überzeugung in solchen Fällen Vermutungen durchzusetzen, ist ein schwieriges Unterfangen.

[12] Steiger, S. 33, 78, Protokoll der 33. Sitzung des Ausschusses für Verkehr und für das Post- und Fernmeldewesen, 21. Juni 1971.

Fazit:

Priorität haben solche Maßnahmen, für die der Quotient Wahrscheinlichkeit des Schadens mal Wahrscheinlichkeit des Rettungszuwachses dividiert durch die Kosten der Maßnahme einen besonders hohen Wert hat.

Heute genügen diesen Bedingungen solche Maßnahmen, die gleichermaßen bei den gegebenen Zivilkatastrophen anwendbar sind wie bei der sehr begrenzten Kriegshandlungen.

Unter sehr begrenzten Kriegshandlungen haben wir dabei solche kurzfristigen konventionellen Kampfhandlungen und (mit geringerer Wahrscheinlichkeit) Kampfhandlungen mit der Einmischung nuklearer Demonstrationen, verstanden, die beherrschbar bleiben. Unter zivilen Katastrophen verstehen wir sowohl solche Unglücke, die in der BRD mit statistisch vorhersagbarer Wahrscheinlichkeit fast täglich eintreffen (also z. B. Verkehrsunfälle) als auch solche, die in größeren Zeitabständen unvorhersehbar mit größeren momentanen Folgen innerhalb und außerhalb der BRD auftreten (wie Flutkatastrophen und Erdbeben, Seuchen usw.). Der auf Seite 30 der vorliegenden BZB-Broschüre ausgesprochene Wunsch, »es würde die Bedeutung des Katastrophenschutzes wesentlich steigern, wenn er über das Herkömmliche hinaus auch Aufgaben zum Schutze gegen Gefahren erhielte, die durch die Entwicklung einer modernen Industriegesellschaft in zunehmendem Maße der Bevölkerung täglich drohen«, findet u. E. in dem Resultat unserer Studie volle Unterstützung.

Zivilschutzmittel sollten daher für einen zivilen Katastrophendienst verwendet werden, der unabhängig vom Ort des Ereignisses wirksam wird und sich verschiedenen Formen von Katastrophen anpassen kann, sei es, weil die

Mittel beweglich sind (Bergungskolonnen, Sanitätskraftwagen, Hubschrauber), sei es, weil die Hilfsmittel verfügbar gemacht werden, unabhängig davon, wo die Katastrophe eintritt (zusätzliche Unfallkrankenhäuser, Lager für Medikamente usw.). Die Aufgaben eines solchen Hilfsdienstes würden, wenn man allein den zivilen Sektor im Auge hat, möglicherweise in Kombination mit Bundeswehreinrichtungen erfüllt werden können. Aber da wir festgestellt haben, daß auch für militärische Katastrophen begrenzte Entwicklungen denkbar sind, in denen ein ziviler Hilfsdienst erfolgreich und erforderlich ist, wäre diese Erleichterung nur bedingt akzeptabel, da nicht gewiß ist, ob im Konfliktfalle die militärischen Einrichtungen, Hubschrauber usw. zur Verfügung stehen. Soweit man daher die Notwendigkeit bejaht, auch für begrenzte militärische Katastrophen vorzusorgen, muß man die Zivilhilfsmittel von der militärischen Versorgung unabhängig halten. Das bedeutet erhöhten Aufwand und stellt damit die Frage nach den Prioritäten.

Der Ausbau dieser Dienste sollte möglichst auch soweit getrieben werden, daß die BRD im Falle auswärtiger Katastrophen noch leichter als bisher und in größerem Umfange (mit oder ohne Unterstützung internationaler Organisationen) Hilfe anbieten kann.

Verglichen mit dem Aufwand, der für den zivilen Katastrophendienst insgesamt erforderlich ist, beantwortet sich aus unserer Studie die Frage nach der Bezahlung oder Subventionierung von aufwendigen Schutzräumen mit »nein«. Schutzräume wirken nur im Kriegsfalle, die Wahrscheinlichkeit des Einsatzes ist also gering. Sie helfen nur dann, wenn sie sich am Ort befinden, an dem das Kriegsereignis stattfindet und wenn dieser Ort überall in der BRD ist, helfen sie nicht mehr.

Eine andere Frage ist, inwieweit vorhandene Bauten (z. B. Hauskeller) ohne großen Aufwand, vielleicht durch Notmaßnahmen des letzten Augenblickes, genutzt und verbessert werden könnten. Planungen also, die vorsehen, mit dem Einsatz von Fachleuten die Auswahl des geeigneten Aufenthaltsraumes zu treffen und die Bewohner zu beraten, durch welche Maßnahmen des letzten Augenblicks der Schutzfaktor gegen Fallout oder die Schutzwirkung gegen Trümmer erhöht werden kann, erhalten nach der Nutzensformel eine sehr viel höhere Priorität als die bisher betrachteten Schutzbauprogramme, denn bei umfassenden Programmen aufwendiger Schutzbauten entstehen hohe Kosten, und die Wahrscheinlichkeit, daß genügend viele dieser Räume nützen, ist gering. Ein Programm zur Subventionierung weniger privater oder weniger öffentlicher Schutzräume wiederum hat eine noch geringere Wahrscheinlichkeit, daß die geforderten Schutzräume gerade in einem Bereich liegen, in dem sie nützen. Ist aber ein Beratungsprogramm kombiniert mit den Maßnahmen des letzten Augenblicks für wenige Mark je Schutzplatz durchführbar, wie Berechnungen des Bundesamtes für zivilen Bevölkerungsschutz anscheinend ergeben, so läßt sich dieses Programm schon mit den derzeitig eingesetzten Mitteln zur Zivilverteidigung realisieren, wenn diese Mittel umverteilt werden. Betrachtet man die Nutzensfunktion für ein solches Programm, so ist zwar wiederum im Zähler die Wahrscheinlichkeit des Rettungsgewinnes nicht groß, doch ist dafür im Nenner auch nur ein kleiner Kostenfaktor einzusetzen. Der Quotient kann durchaus attraktive Werte annehmen.

Wir halten es daher für notwendig, daß die Bundesregierung ein neues Zivilverteidigungskonzept ausarbeitet, das die Mittel entsprechend der Nutzenswahrscheinlichkeit verteilt. Wir empfehlen ein Konzept, bei dem der Schwerpunkt der Mittelausgabe bei einem umfassenden zivilen Hilfsdienst liegt, der in zivilen Unglücksfällen, Notständen und Katastrophen in und – unter bestimmten Bedingungen auch – außerhalb der BRD täglich eingesetzt werden kann und auch täglich eingesetzt wird. Ein solcher Katastrophenhilfsdienst wird dann ebenfalls in begrenzten militärischen Katastrophen Wirksamkeit entfalten können. Maßnahmen, die nur im militärischen Bereich wirksam werden, würden dagegen nur mit einem entsprechend kleineren Bruchteil der Mittel bedacht werden. Es scheint uns, daß ein »Beratungsprogramm«, wie wir es oben geschildert haben, diesen Bedingungen genügen könnte. Sowohl für zivile als auch für kriegerische Katastrophen kann ferner die Bedeutung eines unter allen Umständen wirksamen Informationssystems nicht übersehen werden, eines Systems, über das nach öffentlicher Allgemeinwarnung spezielle Informationen für das konkrete Verhalten gegeben werden. 1963 haben wir in unserer Denkschrift bereits darauf hingewiesen; die Verbreitung von Transistor-Radios hat diese Aufgabe gegenüber 1963 sehr erleichtert. Das heute noch überwiegend übliche Warnen mit Sirenen allein erfüllt unseres Erachtens diese Aufgabe nicht.

Wir wissen, daß wir mit diesen Empfehlungen für einen zivilen Katastrophendienst, der auch in begrenzten militärischen Katastrophen anwendbar ist, keinen neuen Gedanken aussprechen.[13]

Wir wissen weiter um die organisatorischen Schwierigkeiten, einen solchen zivilen Hilfsdienst global aufzubauen. Wir sind nicht in der Lage, hier Vorschläge zur Behebung der organisatorischen Schwierigkeiten zu unterbreiten. Wir müssen aber sagen, daß die Ergebnisse unserer Studie die Ansicht derjenigen unterstützen, die für einen integrierten Hilfsdienst eintreten und daß die Auffassung derjenigen, die meinen, die vorhandenen Mittel sollten für den Bau von Schutzräumen oder ähnliche rein auf militärische Katastrophen ausgerichtete Maßnahmen verwandt werden, durch unsere Studie nicht gestützt wird.

Eine Folge der Neukonzeption sollte auch die wahr-

[13] Vgl. z. B. BZB-Symposion 1971.

heitsgemäße Benennung der auf den Kriegsfall bezogenen Maßnahmen sein. »Zivilverteidigung« ist falsch, da die darunter verstandenen Maßnahmen keinen Verteidigungsbeitrag leisten. »Zivilschutz« weckt Illusionen und stellt einen Anspruch, den nicht einmal die auf kleinere Katastrophen hin gerichteten Hilfsdienste erheben (z. B. Feuer»wehr«, technisches »Hilfs«werk). Was man allenfalls erreichen kann, ist, im Fall eines Krieges der betroffenen Bevölkerung notdürftig und punktuell zu helfen, und das sollte man auch mit dem Namen, den man der Hilfsorganisation gibt, zum Ausdruck bringen.

Zweiter Teil

Absurde Strategie

von

Christian Potyka

I. Pfuel scheitert in Vietnam

Wir wissen, »warum die Welt von heute nicht heil ist«[1]. Und so darf man die Wissenschaft der internationalen Beziehungen nach Karl W. Deutsch bereits als »Kunst und Wissenschaft des Überlebens der Menschheit« begreifen, droht unsere Zivilisation doch nicht »an Hunger oder Seuche«, »sondern an der Außenpolitik und den internationalen Beziehungen« zugrunde zu gehen: »Wir können mit dem Hunger und der Pest fertig werden, aber die Gewalt unserer eigenen Waffen und unser Verhalten als Nationalstaaten verstehen wir noch nicht zu zügeln.«[2]

Beängstigend bleibt die allgemeine Gleichgültigkeit gegenüber dieser Entwicklung. So herrscht gegenwärtig bei den Interpreten der Zeit zwar eine gewisse Euphorie über den beschleunigten Wandel des internationalen Kräftegleichgewichts[3], der auch Politiker Rechnung tragen[4], aber andererseits macht sich parallel dazu ein erstaunlicher Optimismus über Lebensdauer, Stabilität und Gutartigkeit des weltweiten Abschreckungssystems breit, der auf die allgemeine Kritikmüdigkeit an der Militärpolitik und auf die Tatsache spekulieren kann, daß die »Pessimisten« mit ihren Prophezeiungen eines (nuklearen) Weltbrandes (noch) Unrecht behalten haben.

Ihren vorbehaltlosesten Ausdruck findet diese Zuver-

[1] Gunnar Myrdal: »Warum die Welt von heute nicht heil ist«. In: Friedensforschung und ihre Strategie. Beilage der SZ vom 16. 12. 1971.

[2] Karl W. Deutsch: »Analyse internationaler Beziehungen«. Frankfurt 1971, S. 7.

[3] Vgl. etwa Theo Sommer: »Weltpolitik im Fünfeck«. Die Zeit vom 22. 10. 71, S. 1, siehe auch: Richard Löwenthal: »Welt ohne Anker«. Die Zeit vom 31. 12. 1971, S. 3, 4.

[4] Vgl. die Informationsreise Helmut Schmidts Ende 1971 nach Thailand, Japan, Australien und Neuseeland und beispielsweise seine Rede vor dem Internationalen Presseclub in Canberra vom 30. November 1971.

sicht bei dem Politologen Robert Hunter von der Londoner School of Economics.[5] Der Autor sieht beispielsweise in der Gründung der NATO weniger den Höhepunkt oder eine Konsolidierung des Kalten Krieges als bereits »den ersten Schritt in Richtung auf seine Beendigung«.[6] – Damit wären wir ja bereits, ohne es zu wissen, auf dem besten Wege zu Entspannung und Abrüstung. Ähnlich argumentiert der Arms Control-Enthusiast Erhard Forndran in seiner Kritik der Abschreckungskritiker Krippendorff, Senghaas und Ebert.[7] So wichtig die Diskussion, die Forndran möglicherweise in Gang bringt, innerhalb der Friedensforschung sein mag, so verhängnisvoll kann sie sich in einer in strategischen Fragen ohnehin nicht überinformierten Öffentlichkeit auswirken. Denn eine Trivialisierung seiner Argumente würde allzu bequem die offizielle Sicherheitspolitik des Westens stützen, ohne auf ihre Gefahren und Kosten hinzuweisen (die weniger in der Entspannungs- als in der Rüstungspolitik liegen) und damit alle in den letzten Jahren auf diesem Gebiet mühsam geweckten Skrupel ersticken.

Zwar unterstreicht auch das letzte »Weißbuch« der Bundesregierung zur Verteidigungspolitik den Zusammenhang von Gleichgewichts-, Entspannungs- und Rüstungskontrollpolitik[8]; das fortgesetzte allgemeine Wettrüsten aber, das alle Eindämmungsversuche ad absurdum führt, vermag es in seinem Rüstungskontrolloptimismus so wenig zu erklären wie Forndran oder Hunter. Indem es außerdem die sowjetischen Rüstungsanstrengungen stärker betont als die westlichen, verstellt das »Weiß-

[5] Robert Hunter: »Sicherheit für Europa«. Zürich, Köln 1971.

[6] Hunter: »Sicherheit«, S. 12

[7] Erhard Forndran: »Abrüstung und Friedensforschung«. Düsseldorf 1971, vgl. auch vom gleichen Autor: »Rüstungskontrolle – Friedenssicherung zwischen Abschreckung und Abrüstung«. Düsseldorf 1970.

[8] »Weißbuch 1971/1972 zur Sicherheit der Bundesrepublik Deutschland und zur Entwicklung der Bundeswehr«. Bonn 1971, S. 3.

buch« den Blick auf den weltweiten Aufrüstungsmechanismus. (Freilich fanden sich schnell Kritiker, die versuchten, aus diesem Hinweis des Weißbuches auf das Ansteigen des sowjetischen Militärpotentials ein Argument gegen die Ostpolitik der sozial-liberalen Koalition zu schmieden.[9])

Wenn sich die Welt und die Grundlagen unserer Sicherheitspolitik derzeit jedoch wirklich in einem relevanten Wandel befinden, dann sollten bei der Modifizierung, beziehungsweise Neuordnung der Sicherheitspolitik die Fehler der Nachkriegszeit vermieden werden. Nach Hunter bestand ein Hauptfehler darin, daß politische Probleme in militärischen Kategorien erstarrten: »Nachdem die Militärs sich einmal etabliert hatten, überschattete ihr Einfluß leider bald die politische und wirtschaftliche Entwicklung auf beiden Seiten des Eisernen Vorhangs.«[10]

Die Warnung vor den Gefahren der Eigendynamik militärstrategischen Denkens bedeutet keinen simplen Antimilitarismus, ist als Minimalkritik jedoch nötig, wenn jemals neue Kategorien für die Sicherheit gefunden werden sollen. Überspannte Forderungen in die Leistungsfähigkeit der Friedensforschung als Entscheidungshelfer und Ideenlieferant für die praktische Politik dürften inzwischen enttäuscht worden sein[11], aber ebenso liegen, wie Claus Koch feststellt, »die Folgen in dunkler Ferne, die man sich vor einem Jahrzehnt aus der Errichtung des stabilen Abschreckungsgebäudes« erhofft hatte.[12] Und weil dies so ist, käme ein Nachlassen der Kritik der Kapitulation vor einer potentiell mörderischen Realität und dem Verzicht auf Wandel gleich. Dafür aber sind die Argumente der Kritiker zu gut. Kosten, Risiken und Leerlauf

[9] Vgl. Wolfram von Raven: »Wasser in den Entspannungswein«. Die Welt vom 8. 11. 71.

[10] Robert Hunter: »Sicherheit«, S. 11.

[11] Claus Koch: »Keine Konzepte für den Frieden«. In: Friedensforschung und ihre Strategie. Beilage der SZ vom 16. 12. 71.

[12] Claus Koch: ebda.

einseitigen Denkens in militärischen Kategorien demonstrieren immer wieder, daß die verteidigungspolitische Realität den Realisten allmählich zu entgleiten droht.

Als Beleg sei die Studie Ulrich Albrechts über die Entwicklung der westeuropäischen Verteidigungsbudgets in den siebziger Jahren genannt. Die Arbeit analysiert zunächst Entwicklung und Aufbau der Verteidigungshaushalte, extrapoliert sie dann in die Zukunft und steht vor einer »Hochrechnung«, deren Ergebnisse an die Grenzen zum Absurden stoßen. Selbst die zurückhaltendsten Projektionen, resümiert Albrecht, würden nicht einmal durch die optimistischsten Finanzplanungen der Staatshaushalte gedeckt. So errechnet er für die Bundesrepublik einen Gesamtbedarf in Höhe von 39 Milliarden, dem eine Budgetprojektion von 29,5 Milliarden gegenübersteht.[13] Solche Ausblicke machten aber einen fundamentalen Wandel in der Politik der Verteidigungshaushalte um die Mitte der siebziger Jahre oder kurz danach dringend nötig.

Auf der Suche nach Alternativen muß der Autor jedoch erkennen, daß geringfügige Korrekturen der bestehenden Politik das Problem nicht grundlegend ändern und daß Änderungen, die die Aufgabe der Planer wirklich erleichterten, die gesamte Struktur der Regierungshaushalte oder die gesamte politische Szenerie oder sogar beides berücksichtigen müßten.[14]

Eine grundlegendere Elemente einbeziehende Alternativstrategie sucht etwa Volker Hornung in Anlehnung an Eberts soziale Verteidigung für die Bundesrepublik zu entwerfen, ohne sich freilich um die Kostenfrage sonderlich zu kümmern.[15] Allerdings ist Hornungs »Versuch ei-

[13] Ulrich Albrecht: »The Economics of West European Defence in the 1970s«. Schreibmaschinen-Manuskript, Kapitel 4, S. 10.

[14] Albrecht: »The Economics«, Kapitel 5, S. 1.

[15] Volker Hornung: »Verteidigung ohne Bundeswehr. Zu Konzepten sozialer Verteidigung. Versuch einer Alternative«. In: Sicherheit – Strategie – Bundeswehr. Der Bürger im Staat, Heft 2, Juni 1971, herausgegeben von der Arbeitsgemeinschaft für politische Bildung in Baden-Württemberg, S. 82–86.

ner Alternative« erst der Hinweis auf Möglichkeiten, deren Diskussion in Öffentlichkeit, Presse und Parteien der Bundesrepublik praktisch noch nicht begonnen hat. An ihrem Anfang könnte und sollte eine Bestandsaufnahme der Strategie und Strategiediskussion stehen – ähnlich den Bestandsaufnahmen der sozial-liberalen Koalition im materiell-militärischen Bereich. Nur müßte eine solche Strategiedebatte weiter ausholen als es unter den verengten Perspektiven militär-politischer Diskussionen in der Bundesrepublik üblich ist. Sie müßte die zeitliche Dimension ebenso ausweiten wie die geographische und soziale, damit wir uns nicht eines Tages mit einem »perfekten« Verteidigungsinstrumentarium in einer nicht mehr verteidigungswerten Umwelt wiederfinden. Sicherheit heißt in der Tat auch Zukunftsvorsorge[16] und selbstverständlich besteht – wie mit Brandt erstmals ein deutscher Bundeskanzler einräumte – ein direkter Zusammenhang zwischen der Situation der Dritten Welt und unseren überhöhten Verteidigungsanstrengungen. Sicher könnte ein beiderseitiger ausgewogener Truppenabbau in Mitteleuropa nicht nur bei uns, sondern auch in den Ländern der Dritten Welt »die Chancen einer friedlichen Entfaltung erhöhen«.[17]

Aber sprechen wir von näherliegenden Tücken und Perversionen militärischer Strategien und ihren Hintergründen; auch und gerade, weil die Öffentlichkeit auf diesem Gebiet bereits reichlich abgebrüht ist. Schließlich hat die Studie »Kriegsfolgen und Kriegsverhütung« genügend blasierte Reaktionen ausgelöst. Wie sollte sie auch konkurrieren mit den staatlich autorisierten und finanzierten Schreckensmännern und ihrem Talent, das Un-

[16] Siehe Thomas Ellwein: »Sicherheit heißt auch Zukunftsvorsorge«, Münchner Merkur vom 12. 7. 71, S. 3.

[17] Brandt vor dem Politischen Club der Evangelischen Akademie Tutzing – UPI vom 13. 7. 71 – vgl. auch Hans Matthöfer: »Friedenssicherung durch verstärkte Entwicklungshilfe«, Münchner Merkur vom 26. 7. 71, S. 3.

denkbare volkstümlich zu denken? Wer könnte H. Kahns »war-gasm« an brutaler Nuklear-Obszönität übertreffen?[18] Was ist an der Studie so aufregend? Ein Weltkrieg, sagt Weizsäcker, sei bei Anhalten der gegenwärtigen Tendenzen in Politik und Zerstörungstechnik wahrscheinlich. Aber andere haben dies vor ihm gesagt. Zum Beispiel Golovine.[19] Dieser Experte hält sich mit mühsamen Analysen erst gar nicht auf, sondern unterstellt forsch, daß »Ost und West eines Tages eine Kraftprobe (!) brauchen werden, um ihre Gegensätze auszugleichen«. Bei seinem unbändigen Vertrauen in Möglichkeiten und Kalkulierbarkeit »der modernen Wissenschaft und Technik auf dem Gebiet der Waffenentwicklung« weiß Golovine auch schon, welches Feld für die Kriegführung erschlossen werden kann, das den Kontrahenten die Möglichkeit bietet, eine Lösung mit Waffengewalt zu erzwingen, ohne unermeßliche Zerstörungen auf der Erde zu verursachen[20]: eben der Weltraum.

Und so berauscht sich Golovine an den Perspektiven seines Krieges, »der merkwürdige Ähnlichkeit mit den Feudalkriegen im Mittelalter haben würde«. Denn die Masse der Bevölkerung, der Verbündeten und sogar der blockfreien Staaten, würde nur »Bürger und Bauern« stellen, »hilflose Zuschauer bei dem Zusammenstoß der Maschinen im Raum, die keinerlei Einfluß auf den Ausgang des Kampfes« hätten.[21] So würde »nach mittelalterlichem Vorbild das Geschick großer Menschengemeinschaften von einer verhältnismäßig kleinen Gruppe von Leuten bestimmt«. Einen Unterschied räumt Golovine gerade noch ein: »Statt einfacher Transportmittel und

[18] Zur Sprache Kahns siehe Anatol Rapoport: »Chicken à la Kahn«. In: Dieter Senghaas (Hrsg.): »Zur Pathologie des Rüstungswettlaufs«, Freiburg 1970, S. 182–201, insbesondere S. 200 u. 201.

[19] M. N. Golovine: »Conflict in Space«, London 1962, deutsch: »Konflikt im Weltraum«, München 1964.

[20] Ebda. S. 11.

[21] Ebda. S. 146.

Waffen, bestehend aus Pferd, Schwert, Lanze und Schild, erfordert eine Raumstreitmacht gigantische Budgets und die Unterstützung durch eine riesige Zahl von ›technischen Sklaven‹.«[22]

Uns, die »technischen Sklaven« und Zuschauer eines solchen Weltraumturniers (das Fernsehen wäre sicher live dabei), tröstet Golovine mit der Hoffnung, seine Patentstrategie »könnte sehr wohl einen praktisch selbstmörderischen und daher sinnlosen Krieg auf der Erde verhindern«. Und der Sieger im Weltraumkrieg, so expliziert Golovine, wäre dann in der Lage ,nicht nur dem Verlierer, sondern auch allen seinen Verbündeten und den Neutralen die Bedingungen zu diktieren: »Eine Weltregierung wäre geboren, aber sie hätte wenig Ähnlichkeit mit den utopischen Träumen von Leuten, denen anscheinend die Fähigkeit fehlt, die Realitäten der Machtpolitik des zwanzigsten Jahrhunderts zu begreifen.«[23]

Golovines Weltraum-Machiavellismus hat freilich einige Unsicherheitsfaktoren: Wie ist zu garantieren, daß man sich immer auf der Seite des Siegers befindet, daß die Spielregeln eingehalten werden, und wie verhindert man Fehlschüsse oder Querschläger auf die Zuschauertribüne Erde? Ansonsten lassen sich Golovines Fiktionen nur mit Science-Fiction beantworten; etwa mit der Vision Bob Shaws von einer planetarischen Gesellschaft, die sich in permanentem Weltraumkrieg befindet und deshalb allmählich alle inneren Freiheiten ersticken muß.[24]

Gemessen an Golovine sind die Autoren der Weizsäcker-Studie nicht bereit, die Realitäten der Machtpolitik des zwanzigsten Jahrhunderts und ihre technischen Tükken ebenso optimistisch zu begreifen; sie denken die Dinge einfach zu Ende. Sie entsprechen nicht dem negativen

22 Ebda. S. 147.
23 Ebda. S. 147.
24 Bob Shaw: »The Palace of Eternity«; deutsch: »Die blendendweiße Sonne«, München 1971.

Idealbild des Strategen, wie es Leo N. Tolstoi im ersten Teil des zweiten Bandes von »Krieg und Frieden« zeichnet. Danach braucht ein tüchtiger Feldherr weder Genie noch überhaupt besondere Eigenschaften; er »darf sogar die höchsten und besten menschlichen Eigenschaften gar nicht haben«, darunter philosophischen, fragenden Zweifel: »Er muß beschränkt sein, fest davon überzeugt, daß das, was er tut, überaus wichtig ist – sonst muß er ja die Geduld verlieren –, nur dann kann er ein tüchtiger Feldherr sein. Gott bewahre ihn davor, ein Mensch zu sein, etwa Liebe oder Mitleid zu empfinden oder sich Gedanken darüber zu machen, was gerecht und was ungerecht ist!«[25] Diese Charakteristik zielt auf Karl Ludwig August von Pfuel (1757–1826), preußischer Generalstabsoffizier, seit 1806 in russischen Diensten und Cheftheoretiker im Hauptquartier von Zar Alexander I. zur Zeit des Vaterländischen Krieges von 1812 gegen Napoleon; Kopf jener Gruppe, die an eine Wissenschaft des Krieges und deren eigene unveränderliche Gesetze glaubt.

»Er hatte«, sagt Tolstoi von Pfuel, »seine Wissenschaft, nämlich die Theorie des gestaffelten Vorrückens, die er sich aus der Geschichte der friedericianischen Kriege abgeleitet hatte, und alles, was ihm in der neueren Kriegsgeschichte begegnete, erschien ihm als Wahnsinn, Barbarentum und widerliche Katzbalgerei; beide Parteien hatten in den Kriegen der neueren Zeit so viele Fehler gemacht, daß diese Kriege die Bezeichnung von Kriegen schon gar nicht mehr verdienten: sie paßten nicht in die Theorie und konnten daher auch nicht Gegenstände wissenschaftlicher Betrachtung sein.«[26]

Tolstoi ist auf diesen »unnachgiebigen, bis zur Absurdität selbstüberzeugten Pfuel«[27] so fixiert, weil er selbst

[25] Leo N. Tolstoi: »Krieg und Frieden«. In der List-Ausgabe München 1953, S. 841.

[26] Ebda. S. 835, 836.

[27] Ob und inwieweit Tolstoi dem historischen Pfuel überhaupt gerecht wird, interessiert hier nicht.

eine Theorie des Krieges besitzt, die dem Konzept Pfuels diametral entgegensteht und auf die Leugnung aller Theorien vom Kriege hinausläuft. Und so läßt er den Fürsten Andrey, Beobachter der Diskussionen zwischen den diversen Strategielobbies im russischen Hauptquartier, philosophieren, es gäbe vielleicht überhaupt keine Kriegswissenschaft und daher auch keine sogenannten militärischen Genies und könne beides auch gar nicht geben. »Was für eine Theorie, was für eine Wissenschaft«, dachte er, »kann es hier geben, wo alle Vorbedingungen, alle Umstände unbekannt und unbestimmbar sind?«[28]

Was aber sagt uns Pfuel im Atomzeitalter; was sein Gegensatz zu Tolstoi? Pfuel ist seit über zweihundert Jahren tot. Seine unnachgiebigen geistigen Erben aber glauben immer noch an die perfekte Wissenschaft vom Kriege und meinen, den strategischen Stein der Weisen gefunden zu haben – oft unter Berufung auf die Ideen von Pfuels zeitweiligem Adjutanten, Carl von Clausewitz; freilich eines verstümmelten und verfälschten Clausewitz. Denn der Autor des Buches vom Kriege gehört zu jenen Klassikern der Politik, deren differenzierte Erkenntnisse sich im Bewußtsein der Nachkommen meist nur formelhaft festgesetzt haben. »Es mag für alle großen Theorien irgendwie zutreffen«, kommentiert Senghaas den Fall Clausewitz, »daß sie die ›intellektuelle Unschuld‹ derer korrumpieren, die mit ihnen in Berührung kommen«.[29] Und so hat Clausewitz für seine Epigonen im Atomzeitalter vor allem das Denken über das Undenkbare möglich gemacht. Im Grunde aber bleiben Clausewitz und Tolstoi die Gegenpole zweier konkurrierender Auffassungen vom Kriege. Anatol Rapoport hat diese beiden Konfliktmodel-

[28] Tolstoi: »Krieg und Frieden«, S. 840.

[29] Dieter Senghaas: »Abschreckung und Frieden«, Frankfurt 1969, S. 20; vgl. auch Gerd Stamp (Hrsg.): »Clausewitz im Atomzeitalter«, Wiesbaden o. J. S. 13–19.

le analysiert, definiert[30] und differenziert, wie die kataklysmische Betrachtungsweise Tolstois und Clausewitzens strategische Auffassung von Konflikten ihre jeweiligen Vertreter beeinflussen.

Tolstois kataklysmische Ansicht hält den großen Konflikt für eine Seuche, die uns periodisch befällt. Diese Perspektive scheint zunächst heilsam zu wirken, denn sie befreit den Krieg von der Magie, mit der ihn Herrscher und Strategen einnebeln und kann zumindest indirekt auch auf historische und gesellschaftliche Ursachen des Krieges zurückdeuten. Andererseits bietet diese simple dynamische Theorie wenig, was zu einer geplanten Kriegsverhütung führen könnte. Ihr stark fatalistisches Element dürfte das sogar eher verhindern.[31]

Die strategische Auffassung dagegen betont die Rolle rationaler Einschätzung und geplanten Handelns, in dessen Überbetonung – im Glauben, Krieg schlechthin sei kalkulierbar und beherrschbar – allerdings der Pfuel steckt: die Gefahr doktrinärer Rechthaberei. (Rapoport arbeitet diesen Punkt, den Pfuel-Effekt im strategischen Denken, nicht eigens heraus.) Da die strategische Auffassung überdies die Existenz eines rücksichtslosen Gegners voraussetzt, muß sie entschieden auf destruktive Ziele gerichtet sein. Drohung und Einschüchterung erscheinen dem Strategiker die einzig wirksamen Mittel, um den anderen zu lenken, sprich: abzuschrecken. Die Anwendung dieser Werkzeuge trägt jedoch wiederum dazu bei, den Abgeschreckten in seiner Rolle als »Feind« festzunageln. Handelt er aber dennoch (auch im Sinne des Abschrekkenden) einmal nicht aggressiv, dann wird dies weniger auf seinen »guten Willen« als auf das Funktionieren der eigenen Abschreckungsstrategie zurückgeführt. Und so

[30] Anatol Rapoport: »Tolstoi und Clausewitz«. In: Ekkehart Krippendorff (Hrsg.): »Friedensforschung«. Köln und Berlin 1968, S. 87–105.

[31] Rapoport: »Tolstoi und Clausewitz«, S. 103.

schließt sich der Teufelskreis.[32] Vor dem Hintergrund einer in zwei Machtblöcke geteilten Welt aber, deren Polarisierung durch ideologische Konflikte gefördert wird, tragen nach Ansicht Rapoports »die Völkermord-Pläne der Strategiker zur Verewigung dieser Polarisierung bei«.[33]

Dagegen ist selbst die Bilanz des militärischen Nutzens der Kriegsspiele, dieses extremen Ausflusses Pfuelschen Denkens, bescheiden. Nach Andrew Wilson fällt das Resultat bereits im Amateurzeitalter dieser Spiele, vom 19. Jahrhundert bis 1918, ungünstig aus.[34] Der Zweite Weltkrieg brachte mit der Operational Research-Methode zwar zunächst einen sorgsameren Umgang mit der Materie, doch die thermonuklearen Waffen schufen rasch wieder eine prekäre Situation: Trotz permanenten Wandels in den strategischen Konzepten und politischen Ausgangslagen schienen die Kriegsspiele und verwandte Analysenformen weiterhin ein bequemes Mittel, um immer neue Rüstungsaufwendungen der Öffentlichkeit gegenüber zu rechtfertigen. Mit der Zeit jedoch begann dieses System, sich selbst zu überlisten. Die Binsenweisheit des britischen Militärtheoretikers Spenser Wilkinson, wonach keine Form militärischer Studien so nützlich aber auch für den Mißbrauch so anfällig sein kann, wie eben das Kriegsspiel, diese These aus dem Jahre 1887 geriet ebenso in Vergessenheit wie die Unsicherheit der Annahmen, auf denen alle Kriegsspiellösungen beruhen. Endgültig wurde Ernst von Pfuel im Dschungel von Vietnam widerlegt.

Fast von Anfang an war der Vietnam-Krieg der am

32 Zur Kritik der Prämissen der Abschreckungstheorie siehe auch K. W. Deutsch: »Politische Kybernetik«, Freiburg 1969, S. 113–121 und Andrew Wilson: »Strategie und moderne Führung«, München 1969, S. 192–209.

33 Rapoport: »Tolstoi und Clausewitz«, S. 104.

34 Wilson: »Strategie und moderne Führung«, S. 227.

vollständigsten analysierte und am intensivsten »geplante« Krieg der Geschichte. Inzwischen aber sind nach Wilson das Ansehen der Kriegsspiele und der mit ihnen verbundenen Analyse-Methoden selbst zu einem Element des Krieges geworden; und der Krieg schreibt Wilson, sei längst auch ein Bemühen, den Ruf der amerikanischen Militärmaschinerie und den Wert des Urteilsvermögens der Vereinigten Staaten zu retten.[35] Dennoch ist die amerikanische Militärstrategie bei uns bereits dermaßen verinnerlicht, daß abweichende Konzepte kaum noch die Chance haben, unvoreingenommen diskutiert zu werden. Vielmehr ist es gängig, Kritikern der NATO-Strategie vorzuhalten, ihren Meinungen liege mehr »gefühlsmäßige und unverbindliche Stimmung zugrunde als informiertes Wissen und aktives Engagement«; denn sie zeigten Kenntnislücken und überdies hätten ihre Befürworter auch nie aufbegehrt, wenn sich eine Schwächung des Bündnisses abgezeichnet habe.[36]

Da die westdeutsche Verteidigungspolitik immer von dem Bestreben charakterisiert war, eine möglichst pauschale Garantie Washingtons für die Verteidigung der Bundesrepublik zu erreichen, war sie auch stets nur »eine Reaktion auf die jeweilige verteidigungspolitische Konzeption der USA, kaum das Ergebnis eigener, auf die strategische Lage der Bundesrepublik bezogener Planungen«.[37] Dies sagt sich ebenso leicht und ist ebenso schwer zu bestreiten wie die Feststellung Dormanns, daß die Bundesrepublik bei ihrem Bemühen, die Garantie Washingtons durch eine enge Verknüpfung der amerikanischen Interessen mit den deutschen herbeizuführen, »ein

[35] Wilson: »Strategie und moderne Führung«, S. 229.

[36] So Gerhard Baumann: »Sicherheit, Deutsche Friedenspolitik im Bündnis«, Darmstadt 1970, S. 456.

[37] Manfred Dormann: »Demokratische Militärpolitik, Die alliierte Militärpolitik als Thema deutscher Politik, 1949–1968«, Freiburg 1970, S. 251.

erhebliches Maß an Selbstverleugnung« an den Tag gelegt habe.[38]

Wo aber beginnt die Selbstverleugnung selbstmörderisch zu werden und wo fängt die Selbsttäuschung an? Greifen wir ein für Europa überlebenswichtiges Problem heraus: die Frage des begrenzten nuklearen Krieges. Afheldt und Roth weisen in der Weizsäcker-Studie nach, daß weder eine Doktrin, die von einer offenen oder geheimen Stelle an den Einsatz aller nuklearen Kapazitäten freizugeben vorsieht, noch die Eskalationsdoktrin (die Umfang und Stärke der eingesetzten Mittel schrittweise bis zur äußersten Grenze steigern will) eine geeignete Strategie zur Verteidigung der Bundesrepublik liefern. Dies führt zu der Frage, ob nicht Kernwaffen in das Verteidigungskonzept eingebaut werden können, gleichzeitig aber die Eigendynamik der Eskalation in geeigneter Weise verläßlich zu begrenzen sei.

Die nukleare Quadratur des Kreises bestünde darin, die flexible Reaktion auf gegnerische Angriffe nur bis zu einer gewissen maximalen Höhe zuzulassen. Es müßte also einerseits die abschreckende Wirkung der dem Gegner angedrohten Übel weiterhin garantiert sein; andererseits dürften aber mögliche eigene Schäden nicht so groß werden, daß die Ziele der Strategie, Bewahrung des Bestandes der Bundesrepublik, ihrer Freiheit und Unabhängigkeit, in Frage gestellt würden. Dies wäre ein Verfahren, das mit dem Einsatz nur weniger Kernwaffen auf dem Gebiet der Bundesrepublik den Abbruch des Konflikts und den Rückzug des Gegners auf den Ausgangspunkt erzwingt. In NATO-Planspielen wird gelegentlich so getan, als sei diese Wunderstrategie bereits gefunden.

In Wahrheit besteht aber, wie Roth und Afheldt dartun, folgendes Dilemma: Je höher der Konflikt bereits eskaliert ist, desto größer ist die Wahrscheinlichkeit, daß er auch noch weiter eskaliert, denn es stehen dem immer

[38] Ebda. S. 253.

weniger nukleare Brandmauern (»Fire Breaks«) im Wege; die Verluste, und damit die investierten Kosten, sind auf beiden Seiten gestiegen, die Hemmungen gesunken; Führungsaufgaben werden erschwert, die Nervosität steigt. Andererseits ist der Abschreckungswert wieder um so geringer, je niedriger die Obergrenze der Eskalation angenommen wird. Dieses Dilemma, so vermuten Afheldt und Roth, dürfte auch der Grund dafür sein, daß eine brauchbare verläßliche Obergrenze bis heute nicht fixiert werden konnte, daß die (Alp)Traumstrategie, die den Atomkrieg wieder »handlicher« machen würde, noch nicht existiert. All dies schließt aber leider nicht aus, daß sich bei beiden Großmächten in Zukunft das Brandmauern-Denken durchsetzt, die Auffassung also, auf bestimmten Stufen des Krieges seien sichere Eskalationsbremsen möglich. Der Gewinn wäre für Europa unter Umständen tödlich.

Würde der Krieg nämlich bis zu einer bestimmten Grenze wieder kalkulierbar und damit zwangsläufig ein taugliches Mittel zur Austragung von Konflikten, dann verminderte sich der viel gepriesene Abschreckungseffekt erheblich. Ja, unter bestimmten Bedingungen könnte er sogar gegen Null sinken. Vor allem, wenn die Schwelle so läge, daß die Supermächte nicht auf ihren eigenen Territorien betroffen würden. Für Europa bestünde der Unterschied in einem solchen Falle gegenüber einer umfassenden rein konventionellen Verteidigung »nur« darin, daß es unvergleichlich stärker verwüstet würde. Die Einführung taktischer Kernwaffen als Verteidigungsinstrument kann daher nicht im Interesse der europäischen Nationen liegen. Selbst die Entwicklung von Konzepten, die eine Begrenzung des Risikos für die Supermächte enthalten, höhlt die Sicherheitsgarantien für Europa aus. Dagegen kann es uns gleichgültig sein, ob solche Konzepte im Sinne der Supermächte nun letztlich richtig oder falsch sind. Denn nach einer Zerstörung Europas stellt sich für dessen

Bewohner die Frage der Ausweitung oder Nicht-Ausweitung des Krieges auf die Supermächte nicht mehr.[39]

Nun hat sich aber in den Vereinigten Staaten als eine Folge des Vietnam-Fehlschlages die Tendenz herausgebildet, doch mit taktischen Nuklearwaffen und ihren Einsatzmöglichkeiten zu spielen. Am 18. November 1970 befaßte sich gar der Nationale Sicherheitsrat, das höchste Führungsgremium der USA, unter dem Vorsitz von Präsident Nixon in Washington mit einer strategischen Geheimstudie, die, wie man damals in der amerikanischen Hauptstadt kombinierte, »eine einschneidende Modifizierung« der Strategie der flexible response und sogenannte saubere nukleare Gefechtswaffen vorschlug.[40]

Autor dieser Studie ist Robert M. Lawrence von der Universität Arizona, ein früherer Pentagon-Berater. Inzwischen hat er seine Arbeit in der offiziösen in Paris erscheinenden Revue Militaire Générale unter dem lapidaren, bewußt an Clausewitz und Kahn angelehnten Titel, »On Tactical Nuclear War« veröffentlicht.[41] Die Wahl dieses prononciert europäischen Publikationsorgans läßt vermuten, daß Washington bewußt die Reaktion der Europäer auf sein prekäres Plädoyer für taktische Nuklearwaffen testen möchte.

Das Schlüsselerlebnis des Strategen Lawrence ist Vietnam, »diese Quelle großer Verwirrung«, dieser Krieg, der trotz immenser Investitionen nicht die erwarteten Resultate brachte – eine Herausforderung für den geistigen Nachfahren Pfuels, R. M. Lawrence, der bei seiner Vorliebe für »saubere« Lösungen der Meinung ist, daß Verlängerung und Intensivierung des Krieges in Vietnam

39 Zum begrenzten nuklearen Krieg in Europa siehe »Kriegsfolgen und Kriegsverhütung«, S. 297–299.

40 Herbert von Borch: »Washington überprüft die Strategie des Westens«, Süddeutsche Zeitung vom 17. 11. 1970, S. 7.

41 Robert M. Lawrence: »On Tactical Nuclear War«. In: Revue Militaire Générale, Teil I im Januarheft 1971, S. 46–63, Teil II im Februarheft, S. 237–265.

eine stärkere Eskalation darstellen als der eventuelle Einsatz taktischer Nuklearwaffen. Wehmütig zitiert er R. E. Osgood, der doch bereits 1957 schreiben konnte, die Anpassung der taktischen Nuklearwaffen an einen örtlich begrenzten Krieg sei wahrscheinlich das ausschlaggebende Problem bei der Frage der Rüstungsbeschränkung und der militärischen Ziele, mit der sich die Strategen auseinandersetzen müßten.[42]

Der politischen Führung seines Landes wirft Lawrence vor, sie habe die Modernisierung der taktischen nuklearen Mittel aus politischer oder psychologischer Abneigung vernachlässigt. Die Unmöglichkeit, einen begrenzten nuklearen Krieg zu führen, stelle jedoch die Glaubwürdigkeit und damit die effektive Abschreckungswirkung der bestehenden atomaren taktischen Streitkräfte in Frage.[43] Die Vereinigten Staaten seien zu viele Verpflichtungen eingegangen und hätten sich Ziele gesetzt, die sie wegen der Begrenztheit der ihnen zur Verfügung stehenden Mittel nicht erreichen könnten. Geeignete taktische Nuklearwaffen aber, lockt Lawrence, würden Washington »weitere Argumente« liefern. Deshalb müsse die Einstellung gegenüber dem Problem revidiert werden. Zumindest jedoch sei das Thema klar zu stellen.[44]

Was Lawrence ausgiebig tut. Zusätzlich offeriert er die nötige Technologie. Da die aktuelle Nuklearrüstung im Wesentlichen aus Kernspaltungswaffen besteht, die ihrer Explosivkraft, Hitzewelle und radioaktiven Strahlung wegen nicht »isoliert« verwendet werden können, empfiehlt Lawrence, die durch Kernfusion schweren Wasserstoffs erzeugte nukleare Energie, deren Vernichtungskraft auf Strahlenwirkung unter Ausschluß materieller Zerstörung

[42] Lawrence: »On Tactical Nuclear War II«, S. 51.

[43] Lawrence: »On Tactical Nuclear War I«, Zusammenfassung S. 62.

[44] Lawrence: »On Tactical Nuclear War II«, Zusammenfassung S. 265.

basiert.[45] Durch eine Kombination der beiden Verfahren Spaltung und Fusion ließen sich Waffen entwickeln, die keine bleibenden Strahlenschäden hinterlassen. Die freiwerdenden Strahlen wirkten nur kurz aber dafür intensiv. Diese Eigenschaft, so Lawrence, gestatte, selbst einen geschützten Feind anzugreifen und ihm schwere Verluste ohne den Nachteil ausgedehnter Zerstörungen beizubringen. Über solchen Perspektiven gerät Lawrence in makabre Schwärmereien: »Bei konventionellen Kriegen überwiegt die Anzahl der Verwundeten im Verhältnis zu den Getöteten, und die Verwundungen hinterlassen oft dauernde, unheilbare Schäden. Im nuklearen Krieg ist das Verhältnis umgekehrt: ohne Zweifel drei Getötete auf einen Verwundeten, aber die Verletzten erholen sich rasch und ohne merkliche Nachwirkungen. Das könnte zu der Überlegung führen, daß letzten Endes der nukleare Krieg in seinen Auswirkungen weniger gefährlich ist als der konventionelle.«[46]

Wieder einmal hatte ein Pfuel sein strategisches Aha-Erlebnis. – Entscheidend ist aber, daß in Mitteleuropa ein Einsatz von taktischen Nuklearwaffen auch militärisch unsinnig wäre. Lange waren sich die Experten uneins, ob taktische Atomwaffen den Angreifer oder den Verteidiger begünstigten. Für den Angreifer sprach, daß er Ort, Zeit und Schwerpunkte frei bestimmen konnte und überwiegend schwer zu bekämpfende bewegliche Ziele bildete; für den Verteidiger zählte, daß er seine Deckung nicht zu verlassen brauchte und sich »nicht so akzentuiert massieren mußte«.[47] Als man aber daranging, in Großbritannien und in der Bundesrepublik unabhängig voneinander

45 Lawrence: »On Tactical Nuclear War II«, Zusammenfassung S. 263, 264.

46 Lawrence: »On Tactical Nuclear War II«, Zusammenfassung S. 264.

47 Siehe Heinz Trettner: »Atomare Gefechtsfeldwaffen für Mitteleuropa?« In: Revue Militaire Générale. Februar 1971, S. 199 bis 208, insbesondere S. 204.

diese Frage mit Hilfe von Operation Research-Methoden zu untersuchen, zeigte sich, daß unter Bedingungen, wie sie in Mitteleuropa herrschen, »der isolierte Einsatz auch von größeren Mengen atomarer Waffen dem Verteidiger keine Vorteile bringt«. Er kann möglicherweise zunächst dem Angreifer, der sich an den Schwerpunkten vorübergehend massieren muß, absolut größere Verluste beibringen, als er selbst erleidet; das Gesamtstärkeverhältnis jedoch ändert sich später sehr schnell zu seinen Ungunsten. Örtlich mag sich zwar eine Verzögerung der feindlichen Angriffe erzwingen lassen, ausschlaggebend wird aber, »daß sich die konventionellen Verbände der vorderen Welle in rasender Geschwindigkeit verzehren, so daß der Verteidiger nicht nur keine Zeit gewinnt, sondern im Gegenteil sehr viel früher vor die Frage nach dem ›Alles oder Nichts‹ gestellt wird, als wenn er ausschließlich konventionell weitergekämpft hätte«.[48]

Da dem Westen in Mitteleuropa kein zweites oder drittes Treffen konventioneller Verbände, also weniger Reserven, zur Verfügung stehen, hat er dem Angreifer, der seine zweite Welle nachführt, nach wenigen Stunden nichts mehr entgegenzusetzen. Noch einmal: Unter den in Mitteleuropa gegebenen Verhältnissen nützt ein Einsatz taktischer Atomwaffen überwiegend dem Angreifer. Dieses Ergebnis kommt zustande, wenn man beiden Parteien etwa die gleiche Zahl an Nuklearwaffen zubilligt und annimmt, daß sich der Angreifer an die Spielregel »kleiner« Nuklear-Werte hält. Dies kann aber insofern eine unrealistische Annahme sein, als der Aggressor ja nicht über differenzierte atomare Kleinwaffen verfügen muß und auch nicht zwingend einen Grund hat, die Schadenswirkungen im Feindesland auf ein Minimum zu beschränken. Werden aber die Einsätze kleiner Atomwaffen mit solchen höherer KT-Werte beantwortet, verschiebt

[48] Ebda. S. 205.

sich das Ergebnis noch weiter zum Nachteil des Verteidigers.[49]

Sogar für »Demonstrationszwecke« sind nukleare Gefechtsfeldwaffen nach Trettner weniger geeignet als andere atomare Waffen, »weil sie die Entschlossenheit zur Verteidigung mit allen Mitteln nur unvollkommen zum Ausdruck bringen«.[50] Selbst für den General a. D., dessen Image seit der Atomminenaffäre vom Dezember 1964 nicht unbedingt atomwaffenfeindlich war[51], überwiegen in dieser Frage letztlich politische Einwände. In einem voll erschlossenen Gebiet wie Mitteleuropa gebe es so viele Verkehrswege, daß man nur mit relativ vielen Atomwaffen alle einzelnen Angriffe stoppen könne. Die dazu erforderliche Zahl sei zwar vorhanden, ihr Einsatz würde jedoch das dicht besiedelte Land zur Wüste machen und der Bevölkerung Verluste auferlegen, die unzumutbar seien.[52]

Trettner hat recht; nach der Schadensanalyse der

[49] Ebda. S. 205.

[50] Ebda. S. 207.

[51] Am 16. 12. 1964, während der Tagung des NATO-Rates in Paris, schreckte die Frankfurter Allgemeine Zeitung ihre Leser mit der Meldung, die deutsche Planung in Paris, vorgetragen durch den damaligen Generalinspekteur Trettner, gehe von dem Gedanken aus, daß »einem Angriff aus dem Osten von Anfang an mit der zusammengefaßten herkömmlichen Streitkraft in Mitteleuropa begegnet« werden müsse: »Der mögliche Gegner soll dabei, in einer geringen Entfernung von der Zonengrenze, auf westdeutschem Boden in eine Sperre von Atomminen laufen.« Da die westlichen Divisionen niemals zuerst angreifen würden, erläuterte das Blatt, verspreche man sich von dem atomaren Hindernis den ersten entscheidenden Abwehrerfolg. Den Einsatz der Atomminen werte man als defensive, die Eskalation nicht auslösende Maßnahme. Bereits am 17. November 1963 hatte sich der damalige Verteidigungsminister von Hassel vor der Gesellschaft für Auswärtige Beziehungen in New York dafür eingesetzt, »atomare Zerstörungsminen in einer frühen Phase eines erkennbaren Angriffs auf Europa bereitzustellen«. Eine solche Forderung lag durchaus auf der Linie seiner verteidigungspolitischen Grundsätze, sollte doch nach Meinung von Hassels die Atomschwelle möglichst niedrig gehalten werden.

[52] Trettner: »Atomare Gefechtsfeldwaffen«, S. 207.

Weizsäcker-Studie würde bereits bei der Explosion von mehr als zweihundert 2-MT-Atombomben oder mehr als rund dreitausend Bodenexplosionen von 20-kT-Waffen nahezu die gesamte Bevölkerung der Bundesrepublik umkommen: »Der Einsatz von Bruchteilen, der auf jeder Seite für den Einsatz in Europa nachweisbaren Kapazitäten reicht daher hin, die Bevölkerung der Bundesrepublik zu vernichten, wenn auch nur einer der beiden Kriegführenden diese Verluste in der Bundesrepublik erzeugen will oder wegen anderer Ziele in Kauf nimmt.«[53] Im Kern stimmen Trettners Aussagen mit der Weizsäcker-Studie überein und lassen sich auf die Formel »Vernichtung durch Verteidigung« bringen; etwa, wenn der ehemalige Generalinspekteur schreibt:

»Die Verteidigung unseres Kontinents nach diesem Rezept würde zu seiner Vernichtung führen, weil die taktischen Atomwaffen neben ihrer fragwürdigen militärischen, viel weitergehende zivile Wirkungen auf Städte, Produktionszentren, Wohnungen, Versorgungsbetriebe und Verkerseinrichtungen haben würden. Mithin ist die Situation des Verteidigers, der im eigenen Land kämpfen muß, von der des Aggressors völlig verschieden. Er hat neben den militärischen Verlusten des atomaren Kampfes die unvorstellbaren zivilen Schäden zu tragen, die leicht ein Ausmaß annehmen können, das zur völligen Auflösung aller politischen und militärischen Ordnungen führt.«[54] Gewiß, so meint Trettner, könne man all diese Erwägungen beiseite schieben und den Kampfauftrag über alles stellen: »Ich würde das für eine zu enge militärische Denkweise und die Frage nach der Moral solchen Handelns für berechtigt halten. Es ist fraglich, ob Waffen, die alles, was sie schützen sollen, vernichten, noch als Waffen des Rechts angesehen werden können.«[55]

[53] »Kriegsfolgen und Kriegsverhütung«, S. 29.
[54] Trettner: »Atomare Gefechtsfeldwaffen«, S. 206.
[55] Ebda. S. 206.

Bei fast allen militärischen Planspielen und Studien aber, so plaudert der Generalinspekteur a. D. aus der Schule und man sollte ihm dankbar dafür sein, werde außer dem Problem des Fallout, des radioaktiven Niederschlags, noch ein entscheidender Faktor völlig außer acht gelassen, weil man »mangels konkreter Erfahrungen« sein Gewicht nicht bestimmen könne: die psychologische Wirkung von Atomdetonationen auf den Menschen. Selbst wenn man so optimistisch sei, zu glauben, daß Soldaten so ausgebildet werden könnten, »daß sie das Grauen der atomverwüsteten Schlachtfelder unberührt zu durchschreiten und ihre taktischen Aufträge planmäßig auszuführen vermöchten« – und er, Trettner, teile diesen Optimismus nicht –, könne doch »niemand von der unvorbereiteten und ungeschützten Bevölkerung ähnliches erwarten«. Wer einem Atomtest beigewohnt oder Filme von Tierversuchen bei Atomexperimenten angesehen habe, mache sich da keinerlei Illusionen.[56]

Wenn es, wie der amerikanische Physiker und ehemalige wissenschaftliche Berater Präsident Kennedys, Ralph E. Lapp, vermutet, eine Art von geistiger Diffraktionsgrenze gibt, die verhindert, daß Militärs die Wirklichkeit eines Atomkrieges begreifen, weil es möglich scheint, daß ihr strategisches Denken durch die rasante Entwicklung der Waffentechnik überrannt und in konventionelle Redouten zurückgedrängt wurde[57], dann ist Trettner zumindest in seiner Pensionärsphase und in dem zitierten Aufsatz ein schwarzes Schaf unter den Strategikern und eine Ausnahme von der Lappschen Regel, die hoffen läßt. Jedenfalls kommt Trettner zu dem Schluß, daß die Atomwaffen – so wie sie heute sind – einfach den Rahmen taktischen Operierens sprengen; ihr isolierter Einsatz zur Führung von Gefechten würde den Europäern schaden,

[56] Ebda. S. 206.

[57] Ralph E. Lapp: »Kultur – auf Waffen gebaut«. Bern, München, Wien 1969, S. 212.

ohne den Amerikanern zu nützen. Es handele sich unter mitteleuropäischen Verhältnissen »um eine schon im gedanklichen Ansatz verfehlte Konzeption«. Und so fordert Trettner, wie auch Helmut Schmidt in früheren Schriften, ein Vetorecht für dasjenige Land, »von oder auf dessen Boden atomar geschossen werden soll«, ehe ihm der Satz entschlüpft: »Die Notwendigkeit solcher ungewöhnlicher Abmachungen legt aber doch wohl den Gedanken nahe, daß mit dem ganzen Konzept etwas nicht stimmt.«[58] Größere Skrupel wollen auch die Autoren der Weizsäcker-Studie mit ihrer umfangreichen Arbeit nicht wecken – als eben den Zweifel, daß mit der westlichen Verteidigungsstrategie und ihren Grundlagen »etwas nicht stimmt«, weil es ein System der Kriegsverhütung ist, das unter Hochrechnung der aktuellen politischen und technisch-militärischen Bedingungen zum Krieg führen muß.

Gerade die Frage des Interessengegensatzes innerhalb der NATO beim Einsatz taktischer Nuklearwaffen verdeutlicht, wie unzureichend die bestehenden Lösungsversuche sind. Die Nukleare Planungsgruppe (NPG) jedenfalls – als Schaltstelle zwischen den Vereinigten Staaten, den nuklearen Habenichtsen und der atomaren Mittelmacht Großbritannien gedacht – konnte das Problem durch jene Richtlinien für einen atomaren Ersteinsatz vom Dezember 1969 offensichtlich auch nicht lösen, denn schon auf ihrer Tagung in Mittenwald vom Mai 1971 sah sie sich genötigt, Richtlinien für den nuklearen Zweiteinsatz zu erörtern, für den Fall also, daß der Gegner nach dem Ersteinsatz, dem sogenannten Warnschuß, seine Aggression nicht beendet hat. Mit der Fixierung des Zweiteinsatzes allerdings hat man das Problem nur aufgeschoben und nähert sich sehr schnell wieder der Frage nach dem Danach und somit dem nuklearen Dritt-, Vierteinsatz und so weiter. Die aufeinanderfolgenden Einsatzstufen aber, welche klingenden Namen man ihnen auch

[58] Trettner: »Atomare Gefechtsfeldwaffen«, S. 208.

immer gibt, laufen auf eine starre Eskalationsleiter hinaus, die den Spielraum für politische Aktionen einengt und die Wahrscheinlichkeit erhöht, eines Tages mit tödlicher Automatik abzuschnurren.

Einsichten wie die Trettnersche sind wichtig. Sie schärfen den Blick und weisen auf das Unbehagen an unserer Strategie hin, das sich aus den verschiedensten Motiven (die letztlich sorgfältig zu prüfen wären) an den unterschiedlichsten Stellen artikuliert, und bewahren die Weizsäcker-Studie vor dem Ruch des Sektiererischen und professoraler Weltfremdheit, den ihr mancher anhängen wollte. Ansätze wie der Heinz Trettners demonstrieren, daß die Autoren der Studie keine einsamen Rufer in der Wüste sind und schon gar nicht, wie Emil Franzel im Bayernkurier zu unterstellen suchte, nützliche Idioten, die »durch ungewollte oder gezielte Verbreitung von Defaitismus« den Wehrwillen der Bevölkerung untergraben und damit der Sache des Gegners dienen.[59]

In Wahrheit ist dem Strategien-Rausch der fünfziger und sechziger Jahre gerade in der Bundesrepublik eine gewisse Ernüchterung gefolgt. Sie hat NATO-Gläubige wie Ungläubige erfaßt; Skeptiker und Zweifler wie den Politologen Dormann. Zur Öffnung der Politik der Bundesrepublik, so schreibt Dormann, werde es notwendig sein, alle ideologisch begründeten Frontstellungen abzubauen. Und dazu werde die Bundesrepublik ein »defensiv ausgerichtetes Verteidigungskonzept« entwickeln müssen. Die immer wieder vorgebrachte Meinung, daß die Verteidigungsanstrengungen der Bundesrepublik von den Ostblockstaaten nicht als offensiv bezeichnet werden könnten, weil die Bundeswehr in die NATO eingegliedert und diese wiederum ein reines Verteidigungsbündnis sei, helfe nicht weiter: »Ausstattung und strategische Planung der Bundeswehr sind auf großräumige Operationen im Rah-

59 Emil Franzel: »Loch in der Studie«. Bayernkurier vom 30. 1. 1971.

men der NATO abgestellt, ob das nun die politische Führung der Bundesrepublik wahrhaben will oder nicht.« Dormann zieht freilich in Zweifel, ob die Bundeswehr überhaupt in der angedeuteten Richtung umzurüsten sei.[60]

Von offizieller Seite könnte man solche Vorwürfe als unqualifizierte Kritik eines Außenseiters abtun und darauf verweisen, daß seit Jahren vor allem seit dem Heeresinspekteur Schnez an einer stärker auf die Defensive ausgerichteten Heeresstruktur gearbeitet werde, läge nicht die Kritik Rudolf Wollers, des ZDF-Journalisten und Präsidenten des Reservistenverbandes, vor, die Dormanns und ähnliche Thesen eher stützt als widerlegt. Wollers »realistische Wehrkonzeption«[61] ist gerade deshalb bemerkenswert, weil ihr Autor ein Vertreter der Arms Control-Schule ist und nicht daran denkt, die Grundlagen der Abschreckungsstrategie in Frage zu stellen. Er gleicht in seiner Analyse der bestehenden Wehrkonzeption allerdings Goethes Zauberlehrling, denn seine Kritik verselbständigt sich.

Woller geht von der Frage aus, »welches das Verteidigungskonzept der NATO unter Berücksichtigung der nationalen Interessen der Bundesrepublik Deutschland sei, und was man vom deutschen Partner füglich verlangen könne und in welcher Weise das Konzept mit Anspruch auf Glaubwürdigkeit zu erfüllen wäre«.[62] Er erinnert sich an den Anfang der sechziger Jahre, als bei der Bundeswehr »Ramsch-Konjunktur« geherrscht habe. Es sei damals nicht mehr danach gefragt worden, berichtet Woller, wie denn das Verteidigungskonzept beschaffen sei, sondern nur noch, was man alles kaufen könnte, um den Devisenbeständen in Amerika gerecht zu werden. Als Folge

[60] Dormann: »Demokratische Militärpolitik«, S. 255, 256.
[61] Rudolf Woller: »Der unwahrscheinliche Krieg. Eine realistische Wehrkonzeption«, Stuttgart 1970.
[62] Ebda. S. 256.

sei eine Bundeswehr von hoher Materiallastigkeit entstanden, in der niemand mehr nach dem Sinn der zwölf Divisionen gefragt habe.

Mit einer Logik, die in der Natur der Sache liegt, eskaliert Wollers Detailkritik zu einem prinzipiellen Verriß der bestehenden Verteidigungsdoktrin, besonders wenn der Ober-Reservist Schein und Sein der Bundeswehr vergleicht und feststellt, beim Auftrag für das Heer – laut »Weißbuch 70«: »die Grenzen der Bundesrepublik kämpfend zu verteidigen und das übrige Bundesgebiet gegen einen luftgelandeten oder durchgebrochenen Gegner zu schützen« – klafften Auftrag und Fähigkeit weit auseinander. Lasse sich dies aber nicht wieder in Übereinstimmung bringen, müsse man die Konsequenzen ziehen und den Auftrag der Streitkräfte auf ein realistisches Maß bringen.[63] Ob nun die Stärke der Bundeswehr, argumentiert Woller weiter, in den siebziger Jahren in ihrem aktiven Teil auf eine realistische Größe verringert oder aber, unter Verlust eines Teils ihrer Kampfkraft, beibehalten werde, ändere nichts daran, daß die heutigen Vorstellungen von einer praktisch ausschließlich beweglichen, das heißt aus dem Gegenangriff geführten Verteidigung, nicht mehr haltbar scien. Bonn werde also innerhalb der NATO Vorschläge zu unterbreiten haben, »wie wir aus unserer Interessenlage heraus das Verteidigungskonzept zu formulieren wünschen«.[64] Typisch für Wollers Arms-Control-Zuversicht ist aber, daß er sein Heil weiterhin in Nuklear-Strategien sucht.

Zwischen Woller und den Autoren der Weizsäcker-Studie sollen keine Übereinstimmungen erzwungen werden, die in Wirklichkeit nicht bestehen, und auch bei den unterschiedlichen theoretischen Ansatzpunkten nicht existieren können; vielmehr sei auf die wachsende Zahl derer hingewiesen, die von einzelnen Mängeln ausgehend,

[63] Ebda. S. 260.
[64] Ebda. S. 302.

wie Woller, fast ungewollt zu einer radikalen Kritik des bestehenden Verteidigungssystems gelangen.

Die gegenwärtige Bundesregierung ist hier im Hinblick auf ihre Ostpolitik in der Versuchung, den Bereich der Strategiediskussion mit Hilfe des Arguments »Entspannung ohne Sicherheit wäre Leichtsinn«[65], zu tabuisieren. Andererseits hat gerade die sozial-liberale Koalition mit Minister Schmidt und seiner Bestandsaufnahme die Schwächen und Komplexe der Streitkräfte so bloßgelegt wie keine Bundesregierung vor ihr. Sie sollte sich deshalb nicht vor der Frage drücken, ob eine Armee, die auf so wackligen strategischen Prämissen ruht, nicht à priori einen Knacks haben muß.

Innerhalb der Bundeswehr haben die Baudissinschen Impulse für eine differenzierte zusammenhängende Betrachtungsweise aller Fragen von Strategie und Verteidigungsauftrag leider nicht weit gereicht. Schon Anfang der sechziger Jahre verstummte in der politischen Bildungsarbeit die Diskussion über den Verteidigungsauftrag und wurde allzuoft durch stramme Haltung und unaufhörliche Betonung des Verteidigungswillens ersetzt. Mit der Bereitschaft zum Kampf, so kommentiert der Historiker Siegfried Grimm diese Entwicklung, »ist freilich noch nichts über die Möglichkeit effektiver Verteidigung gesagt«.[66] so sei man einer Diskussion dieser Frage ausgewichen und habe sich damit beholfen, eine allgemeine Bereitschaft des »Kampfes bis zum Sieg« zu propagieren oder schlichtweg behauptet, die NATO werde im Falle eines Krieges in Europa »die Freiheit erkämpfen«. Daß es in einem europäischen Krieg, kritisiert Grimm, weniger um Freiheit, als um das Überleben und den Fortbestand

[65] Verteidigungsminister Helmut Schmidt vor der Princeton Universität in New York, zitiert nach der Mitteilung an die Presse des Informations- und Pressestabes im Bundesverteidigungsministerium vom 21. 4. 1971, S. 4.

[66] Siegfried Grimm: »›. . . der Bundesrepublik treu zu dienen‹, Die geistige Rüstung in der Bundeswehr«, Düsseldorf 1970, S. 206.

der Zivilisation gehen würde, habe man sich dabei in den seltensten Fällen vergegenwärtigt. Entweder habe man die ganze Problematik ignoriert, indem man die gesellschaftlichen Aspekte des Krieges auf die Entscheidung für oder gegen einen abstrakten Pazifismus reduzierte[67], oder man habe den Anschein erweckt, als ob »Recht und Freiheit« eine Existenz an sich hätten und nicht an das Vorhandensein von Menschen in menschenwürdigen Umweltbedingungen gebunden seien.[68]

Die Leutnants 70 waren mit ihrer siebenten These in der Tradition Baudissins noch davon ausgegangen, daß die Abschreckungsfunktion des Soldaten streng genommen absurd sei und folgerten: »Wir werden aufgrund der Fragwürdigkeit, die die Massenvernichtungsmittel und Massenvernichtungssysteme in die Welt gebracht haben, als Soldaten in Frage gestellt, und wir selbst müssen uns auch immer in Frage stellen. Das heißt, wir müssen unsere Position überprüfen. Wir sagen weiter: weil heute die Vernichtungsmittel in dieser Art und Weise gegeben sind, ist unsere Verantwortung gegenüber der Gesellschaft, gegenüber dem Staat eine ungeheure.«[69]

Die Hauptleute 71 dagegen, unglücklich repräsentiert durch dreißig Kompaniechefs der 7. Panzergrenadierdivision in Unna, würden derlei Gedanken wohl als »sachfremde Einflüsse« ablehnen, präsentieren sie sich doch in ihrer Denkschrift als auf das Feindbild fixierte Abschrekkungs-Fans, die an dieser wehrunwilligen Gesellschaft leiden; deshalb sollen ja auch »verantwortliche Politiker und Parteien in den Fernseh- und Rundfunkräten dar-

67 Getreu dem blauumrandeten Kernspruch in einem Heft der »Information für die Truppe« aus dem Jahre 1964: »Wer als einziges Ziel verfolgt einen Krieg zu vermeiden, kann in eine seelische Knechtschaft geraten, die einen schlimmeren Tod bedeutet, als der auf dem Schlachtfeld.«

68 Grimm: »Geistige Rüstung«, S. 206.

69 »Zitiert nach dem Dokumentenanhang in: Hans-Helmut Thielen: »Der Verfall der Inneren Führung«, Frankfurt 1970, S. 263.

auf hinweisen, daß diese öffentlich-rechtlichen Anstalten endlich ihren Beitrag zur Erziehung zum Wehrwillen leisten«. Die Welt der Kapitäne ist im Lot, wenn sie nur militärisch im Gleichgewicht bleibt. Wie kritisch dieses Gleichgewicht des Schreckens sein kann, interessiert sie nicht. Sie fordern »eine realistische Darstellung der Bedrohung durch die nicht wegdiskutierbare militärische Machtkonzentration im Warschauer Pakt« und sind albern genug, ihrer politischen und militärischen Führung vorzuwerfen, »das tatsächliche Kräfteverhältnis zwischen Ost und West werde aus politischen Zweckmäßigkeitserwägungen gefälscht«.[70] Angesichts dieser Abschreckungswütigkeit könnte man den Hauptleuten von Unna das Buch »Kriegsfolgen und Kriegsverhütung« geradezu widmen. Sagt doch General Schmückle in seinem Plädoyer für ein Begreifen des Offiziersberufs als geistigem Beruf: »Mehr geistige Produktivität ist in der Bundeswehr ohnedies wünschenswert.«[71] Wo aber wäre sie sinnvoller als in der Beschäftigung mit den Grundlagen des eigenen Berufes?

Die offizielle Stellungnahme der Bundeswehr zur Weizsäcker-Studie steht noch aus. Das Verteidigungsministerium tat jedenfalls gut daran, jenen eilfertigen Kommentar einiger Generalstabsoffiziere, von dem die Nachrichtenagentur AP am 28. Juli und am 10. August zu berichten wußte, als »einen Beitrag unter anderen« zur Analyse der Studie zu deklarieren und zu versichern: »Die Bundeswehrführung hat ihre Meinungsbildung zu diesem Thema noch nicht abgeschlossen. Es wird weiterhin sorgfältig an diesen Problemen gearbeitet.«[72]

[70] Die Niederschrift der Hauptleute vom Dezember 1970 wird nach der Mitteilung des Verteidigungsministeriums an die Presse vom 15. April 1971 zitiert. Die Thesen waren zuvor mehrfach in der Springerpresse und anderen Zeitungen veröffentlicht worden.

[71] Gerd Schmückle: »Komiß a. D.«, Stuttgart 1971, S. 172.

[72] Stellungnahme des Informations- und Pressestabes im Verteidigungsministerium vom 10. 8. 1971.

II. Die »Beschleunigung von Menschen«

Geringe Autoritätsgläubigkeit sei jedem empfohlen, der sich in die Strategiediskussion begeben, in ihr aber nicht umkommen will. Tristram Coffin, ein respektloser Kenner dieser Runde, fühlte sich durch die Usancen in ihr gar an den heiligen Gregor und dessen Erfahrungen in Konstantinopel erinnert.[73] Tatsächlich ist in der internationalen Strategiediskussion manches wunderlich. Lehrmeinungen tauchen über Nacht auf, werden widerlegt und verschwinden wieder. Auch ist es möglich, daß einzelne Meinungsmacher im Laufe der Diskussion die Fronten wechseln, wie das Beispiel des Theoretikers der Internationalen Politik, Hans Morgenthau, zeigt. Einerseits sind die Grundbegriffe, die Morgenthau präzisiert hat, nämlich Macht und Interesse, in der Staatenwelt[74] zu Eckpfeilern der Abschreckungsideologien und Lieblingsworten ihrer Apologeten geworden. Andererseits befindet sich Morgenthau selbst inzwischen auf der Seite der Abschreckungskritiker und attackiert mit ihnen die »Paradoxien der Nuklearstrategie«.[75] Wenn dies aber so ist, wenn hier alles fließt, wenn die Ahnung Tolstois weiterhin zu stimmen scheint, daß Theorien des Krieges Widersprüche in sich sind, lohnt es sich dann überhaupt, mit neuen Theorien aufzuwarten? Setzt man damit nicht lediglich einen Pfuel auf einen anderen und begeht den gleichen Fehler der Theoriegläubigkeit, den man anderen ankreidet? Und macht man sich mit seiner Polemik gegen alte

[73] Coffin: »Die Schildträger der freien Welt«, Wien, Berlin, Stuttgart 1964, S. 346.

[74] Siehe Hans Morgenthau: »Macht und Frieden, Grundlegung einer Theorie der Internationalen Politik«, Gütersloh 1963.

[75] Siehe dazu Hans Morgenthau: »Vier Paradoxien der Nuklearstrategie«. In: Dieter Senghaas (Hrsg.): »Zur Pathologie des Rüstungswettlaufs«, S. 47–78.

Theorien und seinem Engagement für neue, stimmigere, nicht nur lächerlich – spätestens beim Erscheinen der nächsten Analyse à la Kriegsfolgen und Kriegsverhütung? Zum Hohne all derer, die es auch dann schon immer gewußt haben werden?

Anatol Rapoport stand bei seiner Gegenüberstellung von Tolstoi und Clausewitz vor der Frage nach dem richtigen Weg, als er die jeweiligen Unzulänglichkeiten der beiden Anschauungen erkannt hatte. Denn die kataklysmische Betrachtungsweise leugnet praktisch die Existenz jedes Feindes und kann daher nichts vorschlagen, wie mit ihm fertig zu werden sei, wenn es ihn doch einmal gibt; die strategische Betrachtungsweise aber empfiehlt Prozeduren, die die fortdauernde Existenz von Feinden sicherstellen, »bis an die Grenze der totalen Vernichtung der menschlichen Rasse«.[76] Angesichts der komplementären Unzulänglichkeiten beider Theorien bot Rapoport an, sich auf die Analyse der Konflikte zu konzentrieren, um »durch Ausfilterung der Propaganda und der Platitüden an den Kern der Konflikte zu gelangen«. Die »Kriegsfolgen und Kriegsverhütungs«-Studie ist noch bescheidener, versucht sie doch, durch Ausfilterung der Propaganda und der Platitüden an den Kern der Strategien zu gelangen, um deren Paradoxien zu enthüllen.[77]

Vorangetrieben wurde die Arbeit an der Studie zu einem beträchtlichen Teil von der heiligen Wut ihrer Autoren auf die »glatten Argumente« der Arms Control-Propagandisten. Ist dies überhaupt ein Argument oder nur ein Sentiment? Als Andrew Wilson bei den Vorarbeiten für sein Buch »The Bomb and the Computer« in den Vereinigten Staaten auch mit den Kriegsspielexperten von RAND gesprochen hatte, die »sämtlich sehr höflich und intelligent« gewesen waren, kamen ihm eines Abends auf

[76] Rapoport: »Tolstoi und Clausewitz«, S. 104.
[77] Vgl. Erster Teil, I. Kap. dieses Buches.

den Klippen bei Santa Monica beim Blick auf den Pazifik in Richtung Asien Zweifel. Wer weiß, fragte er sich, »ob die Maschinerie der amerikanischen Militärplanung nicht letzten Endes eine Rechtfertigung findet – sogar in Südostasien?«[78]

Sieben Wochen später, bei einem Einsatz der US-Marineinfanterie in der Nähe der entmilitarisierten Zone Vietnams, stellte er sich jene Frage abermals, als er die Lektionen aus Kriegsspielen auf reale Aktionen angewandt erlebte. Erst wenn man den Zoll an geopferten Zivilisten, schreibt Wilson, die Verarmung des Landes, das Flüchtlingsproblem und den Verfall Saigons betrachte, könne man ermessen, in welche moralische und strategische Falle Amerika gegangen sei, eine Falle, aus der es auch ein Sieg nicht mehr zu befreien vermöge.[79]

Solche Vergleiche müssen gestattet sein, will man den Zweck aller Theorie, ihre Anwendung auf die Praxis, nicht aus den Augen verlieren. Die Praxis der Kriegsfolgen freilich stellt nicht nur die Theorie, sondern die Rationalität der Abschreckungstheoretiker in Zweifel. Sie läßt sogar, wie Philip Green darlegt, einen Mißbrauch des Begriffes Rationalität durch die Abschreckungstheoretiker vermuten. So zu argumentieren, wie sie es tun, sei nur zulässig ,wenn man zugebe, daß es auch andere, ebenso gültige Rationalitäten gebe, die zur Rechtfertigung anderer Strategien als der Abschreckungsstrategie taugen könnten. Zu sagen, daß Rationalität nur und gerade diese Strategie rechtfertige und nicht mitzuteilen, daß man der Idee der Rationalität dabei eine bestimmte Bedeutung gegeben habe, sei Irreführung. Und zwar deshalb, weil behauptet würde, bei Strategien mit dem Einsatz von Nuklearwaffen gebe es eine irgendwie rationale Verwendung für Kernwaffen, »während eine ebenso große Wahrschein-

[78] Wilson: »Strategie und moderne Führung«, S. 236.
[79] Ebda. S. 236, 237.

lichkeit dafür spricht, daß jede Kernwaffenanwendung letztlich ein Widerspruch in sich selbst ist«.[80]

Im Sinne der Abschreckungsrationalität wäre selbst die amerikanische Kriegführung in Vietnam rational und dennoch verzweifelte Wilson an ihr. Das »Vietnam« der Studien-Autoren aber sind die Analysen der Wirkungen von Kernwaffen-Explosionen in der Bundesrepublik (von Philipp Sonntag) sowie der wirtschaftlichen Schäden eines atomaren Krieges in der Bundesrepublik und deren Folgen (von Utz-Peter Reich); in bitterer aber notwendiger Vollständigkeit ergänzt durch Detailanalysen über die Zerstörung des Agrarpotentials und die Überlebenschancen der Bevölkerung (von Erwin Rahner), die Elektrizitäts- und die Trinkwasserversorgung sowie die Thermische Strahlung und die Explosionsgefahr bei Raffinerien (jeweils von Utz-Peter Reich) und endlich die Analyse der biologischen Auswirkungen eines nuklearen Krieges in der Bundesrepublik Deutschland (von Alexander Pfau). Insgesamt bestätigen diese Analysen im Detail eine Hypothese Gerd Schmückles aus dem Jahre 1962: »Die Atomwaffen vernichten beim Angreifer wie beim Verteidiger weitgehend alles, was den Begriff Nation ausmacht: die menschliche, die kulturelle, die wirtschaftliche Substanz.«[81]

Philipp Sonntag hat die aufgezählten Einzeluntersuchungen zusammengefaßt.[82] Sie lassen Schlagworte wie Vorwärts- oder Vorneverteidigung, abgestufte Erwiderung oder taktischer Nuklearwaffeneinsatz zerbrechen. Es wird klar, was selbst unter der Maxime »Verteidigung von Recht und Freiheit« aus dem Menschen in einem nuklearen Krieg werden kann. So findet sich in Sonntags

[80] Philip Green: »Abschreckungsrationalität und ethische Wahl«. In: Senghaas (Hrsg.): »Zur Pathologie des Rüstungswettlaufs«, S. 141–181, siehe besonders S. 180, 181.

[81] Gerd Schmückle: »Die Wandlung der Apokalypse«. Christ und Welt vom 26. 1. 1962, S. 3.

[82] Siehe Seite 97–109.

mathematischer Analyse der Wirkungen von Kernwaffenexplosionen unter Punkt 5 (Die Wirkungen auf den Menschen) eine Aufzählung der Verletzungsarten und dann unter der Rubrik »Indirekte Wirkung« der bizarrmakabre Absatz »Beschleunigung von Menschen«: »Auch unterhalb der Überdruckwerte, die zum Einsturz von Gebäuden führen, kann der Winddruck den Menschen gegen Wände und Möbel schleudern. Je nach Geschwindigkeit des Körpers und Art des Materials entstehen Verletzungen unterschiedlichen Ausmaßes. Unterhalb einer Geschwindigkeit des beschleunigten Menschen von 3 m/sec sind Verstauchungen, Prellungen und Hautwunden zu erwarten, bei mehr als 3 m/sec auch Verrenkungen der Gliedmaßen, Brüche und Quetschungen. Oberhalb einer Geschwindigkeit des Körpers von 10 m/sec ist beim Aufschlagen auf eine harte Fläche die Überlebenschance kleiner als 1 Prozent.«[83] Hier bestätigt sich die These, daß unter Bedingungen eines Nuklearkrieges die bisherige Aufgabe des Soldaten, die Bevölkerung zu schützen, unerfüllbar wird. Unter Bedingungen der Beschleunigung von Menschen rücken vielmehr Schmückles Sätze in den Bereich des Wahrscheinlichen: »Es gibt kein politisches Ziel, es gibt kein Wehrmotiv mehr. Der Krieg ist aus. Weder das eine noch das andere Heer wird kämpfen. Eher sehe ich die Feinde aus ihren Tanks steigen und sich in ihrer Verzweiflung umarmen.«[84]

Die Schadensanalysen der Weizsäcker-Studie sind eine Art schwarzer Heimatkunde. Die Bundesrepublik, in 2469 Quadrate (Karrees) von je 10 × 10 Kilometern Größe eingeteilt, unter bestimmten atomaren Einwirkungen: Hamburg, Lübeck, Kiel; das Herzogtum Lauenburg, Oldenburg, Norderdithmarschen, Süderdithmarschen ohne Fallout bei der Annahme von 76 Bomben in

83 »Kriegsfolgen und Kriegsverhütung«, S. 131.
84 Schmückle: »Die Wandlung der Apokalypse«. S. 3.

der BRD[85]; die gleiche Gegend bei 10 Bomben mit je zwanzig kT[86]; oder das Gebiet um Wolfsburg (nach der Zerstörung einer Autobahnbrücke in der Nähe der Stadt) bei Südwind.[87] Die geographischen Namen sind hierbei beliebig austauschbar. Wer lernt sie da nicht lieben, diese Bundesrepublik?

Nun haben aber die Befürworter der Abschreckungsstrategie immer argumentiert, gerade weil der Atomkrieg so grauenhaft sei, werde es nie zu einem kommen; darin bestehe ja ein Teil der Abschreckung. Auch Schmückle versuchte schon, die Kriegsfolgen in den Dienst der Abschreckung zu stellen, wenn er feststellte, das schreckliche Bild vom Atomkrieg räume der Abschreckung vom Krieg eine hohe Chance ein. Eine höhere Wahrscheinlichkeit als je zuvor in der Menschheitsgeschichte spreche dafür, daß der Krieg als Mittel der Politik in Europa ausgeschaltet werde. So sei es unter Militärs üblich geworden, sich als »waffentragende Pazifisten« auszuweisen und aus dieser neuen Aufgabe, dem Kampf gegen den Krieg, erwachse dem Militär seine »neue Würde«.[88]

Dieser Auffassung konnte man subjektiv Ende der fünfziger und Anfang der sechziger Jahre durchaus sein. Objektiv dürfte sie freilich schon damals die Dynamik des Rüstungswettlaufs und dessen Gefahren unterschätzt haben. Inzwischen ist aber deutlich geworden, daß sich, wie Weizsäcker sagt, die technische Welt nicht von selbst stabilisiert, sondern einer bewußten, technisch durchdachten und politisch gewollten und durchgesetzten Stabilisierung bedarf.[89] Technischer Fortschritt allein, so fassen Afheldt und Sonntag ihre Systemanalyse »Stabilität und Abschreckung durch strategische Kernwaffen« zusammen, erlaube weder eine »bessere« Strategie noch er-

[85] »Kriegsfolgen und Kriegsverhütung«, S. 181.
[86] Ebda. S. 187 und S. 188.
[87] Ebda. S. 189.
[88] Schmückle: »Wandlung der Apokalypse«.
[89] »Kriegsfolgen und Kriegsverhütung«, Einleitung S. 15.

halte er auch nur den bisherigen Sicherheitszustand. Denn schließlich gebe es nach Beaufre »keinen Fortschritt ohne Ziel«. Seit Beginn des technischen Zeitalters werde jedoch das Ziel des Fortschritts zunehmend ausschließlich im technischen System definiert. Für Waffensysteme seien »Fortschrittsrichtungen« wie »höher, weiter, schneller, mehr, genauer, billiger, leichter, effektiver oder neu« durchaus möglich und zutreffend. Der Begriff »strategische Stabilität« aber komme in diesem technischen Fortschrittsbegriff nicht vor: »Zwar sind also die Ergebnisse des technischen Fortschritts Elemente der strategischen Stabilität, aber umgekehrt ist die strategische Stabilität nicht ein notwendiges Element des technischen Fortschritts. Es ist daher kein Wunder, daß der technische Fortschritt nicht von allein zu größerer Stabilität führt.«[90]

Während Weizsäcker vorsichtig feststellt, die technische Weiterentwicklung der Waffen biete günstigenfalls die Aussicht, daß der »jetzige Sicherheitsgrad der Verhütung des Weltkrieges gewahrt« bleibt, enthalte aber »eine Fülle von Möglichkeiten, daß er sich verschlechtert«[91], bringen Afheldt und Sonntag die zahlreichen Diagramme zu diesem Thema, die eine spröde-aufregende Lektüre sind, auf das Resümee, unsere Stabilität, die gegenwärtige Bewahrung des Friedens durch Abschreckung, werde durch die ungehinderte technische Weiterentwicklung der Raketenwaffensysteme (ABM, MIRV) gefährdet. Damit sei zunächst die hohe Eskalationsstufe der strategischen Kernwaffen gemeint; doch könne dies letztlich nicht ohne negative Wirkungen auf die unteren Ebenen der Eskalation und damit für Europa bleiben.

So gefährdet uns unser Sicherheitssystem mehrfach: durch den Rüstungswettlauf mit seinen finanziellen und gesellschaftspolitischen Folgen sowie dessen destabilisie-

[90] Ebda. S. 411.
[91] Ebda. S. 17.

rende Wirkung an der Basis im Abschreckungspotential und die Widersprüche der Nuklearstrategie speziell für Europa im theoretischen Überbau. Mit unseren Methoden der Kriegsverhütung treiben wir erst auf einen Krieg zu. Diesen theoretischen Überbau der Nuklearstrategie analysieren Afheldt und Roth. Sie reduzieren ihn in zweifacher Weise; indem sie die Sicherheitsideologien auf ihre Grundstrukturen zurückführen und indem sie sie auf ihre Grundbestandteile reduzieren, daß heißt relativieren. Was übrig bleibt, ist überraschend wenig:

A. Die nukleare Patt-Situation der Supermächte: Für den Fall eines umfassenden atomaren Angriffs auf Europa und die Vereinigten Staaten wird deren umfassende nukleare Vergeltung angedroht, die unter den gegenwärtigen Bedingungen auch glaubhaft ist. Die Gefahr gegenseitiger Vernichtung wider Willen, das heißt durch zufällige Ereignisse, bleibt allerdings bestehen.

B. Die Bereinigung lokaler Übergriffe durch konventionelle Streitkräfte: Ihr Einsatz ist glaubhaft, die Eskalationsgefahr gering, solange Stärke und Bewaffnung dieser Verbände entsprechend begrenzt bleiben.[92]

Für diese beiden Extremformen also bieten die angebotenen Strategien relativ verläßliche Abwehr- oder Abschreckungsmittel. Kritisch ist freilich der Bereich zwischen den Extremen. Denn weder mit reinen Abschrekkungsstrategien noch mit Verteidigungsstrategien kann allen möglichen Angriffsformen begegnet werden. Und auch Mischformen, so demonstrieren Afheldt und Roth, sind kein verläßliches Instrument. Die Suche nach der pflegeleichten Mehrzweckstrategie bleibt ohne Erfolg, denn die Vermischung von Verteidigungs- und Abschrekkungselementen stößt auf ein strukturelles Dilemma: Jede Annahme und jede Vorbereitung hoher Eskalationswahrscheinlichkeiten bis hin zum tödlichen Schlagabtausch zwischen den Supermächten mindert gerade wegen der

[92] Ebda. S. 64, ähnlich S. 301.

Größe des Übels die Glaubwürdigkeit der Drohung. Jede niedrige Annahme von Eskalationswahrscheinlichkeiten dagegen, und vor allem jede Festsetzung fester Eskalationsgrenzen, macht den Krieg in den »frei gestellten Bereichen« wieder kalkulierbar und denkbar.

Die vom europäischen Standpunkt gefährlichste Strategie aber ist die geographische Begrenzung der Eskalationsdrohung auf den Einsatz in bestimmten Kampfräumen. Andererseits erspart allein diese Strategie den Großmächten die Alternative von Selbstvernichtung und Kapitulation und ist eben deshalb für sie so verlockend, wie für Europa bedrohlich. Dieses Dilemma läßt sich, wie gesagt, auch durch Mischformen oder »ein bißchen Nukleareinsatz« nicht beseitigen. »Das Problem einer Sicherheitsstrategie (Verteidigung und Abschreckung) für Europa«, schreibt Afheldt, »ist unter den politischen Gegebenheiten der Konfrontation von zwei Supermächten auf europäischem Raum und den Tendenzen in Europa zur Überwindung der Spaltung Europas nicht lösbar.«[93] Die Strategie der flexible response jedoch ist nach Afheldt und Roth lediglich eine »Mystifikation« der eben erläuterten Strategien-Struktur.

Aber diese Mystifikation, so mag mancher einwenden, hat uns doch bisher in Mitteleuropa vor dem heißen Krieg bewahrt. Und man könne »diesen beglückenden Zustand«, schreibt Adelbert Weinstein »ruhig Frieden nennen«.[94] Darüber, wie beglückend er (und für wen) wirklich war, dürfte es freilich Meinungsverschiedenheiten geben. Wichtiger scheinen allerdings zwei andere Einwände. Es könnte ja auch sein, daß der böse Feind so böse gar nicht war; das heißt, daß er keine sinnvollen politischen Ziele sah, die er etwa durch einen »einseitig begrenzten militärischen Akt hätte realisieren können«.[95]

[93] Ebda. S. 65.

[94] Adelbert Weinstein: »Ein Paukenschlag für den Frieden«, FAZ vom 30. 1. 1971, S. 1.

[95] »Kriegsfolgen und Kriegsverhütung«, S. 8.

Und schließlich kann eine Analyse dieser Mystifikation, so wichtig deren Funktion zeitweilig auch war, »nicht unterlassen, auf den prekären Charakter der ›Sicherheit durch Ungewißheit‹ hinzuweisen«. Und vor dem Hintergrund möglicher Kriegsbilder in Europa, vor allem aber vor dem Hintergrund der Kriegsfolgen, und verbunden mit der durch den Rüstungswettlauf verursachten Tendenz zur Destabilisierung, ist diese Mystifikation für Europa prekär. Mag sie auch in der Vergangenheit mit den Krieg verhindert haben; die Chance, daß sie das in Zukunft weiter tut, ist geringer geworden. Wenn Mystifikationen gegenwärtig und kurzfristig schon unumgänglich scheinen (worüber sich streiten läßt), dann sollten sie wenigstens als solche klar angesprochen werden, um zu verhindern, daß sie sich zu einer für alle gefährlichen Scheinwelt »verdichten« und den Weg in eine rationalere Zukunft verbauen.

Hoffnungen in die Technik (des Krieges) sind mitunter maßlos und werden eben deshalb immer wieder maßlos enttäuscht. Selbst ein Friedrich Engels konnte glauben, mit dem deutsch-französischen Krieg von 70/71 sei ein Wendepunkt eingetreten, »von ganz anderer Bedeutung als alle frühern«. Die Waffen seien nun »so vervollkommnet, daß ein neuer Fortschritt von irgendwelchem umwälzendem Einfluß nicht mehr möglich« sei. Wenn man Kanonen habe, mit denen man ein Bataillon treffen könne, so weit das Auge es unterscheide, expliziert Engels – ganz Waffenexperte – und Gewehre, die für einen einzelnen Mann als Zielpunkt dasselbe leisteten und bei denen das Laden weniger Zeit raube als das Zielen, so seien »alle weiteren Fortschritte für den Feldkrieg mehr oder weniger gleichgültig«. Die Ära der Entwicklung sei nach dieser Seite hin »also im wesentlichen abgeschlossen«.[96] Sie war es im wesentlichen leider nicht. Engels frommer Irrtum wird verständlich, sieht man ihn vor dem Hintergrund der waffentechnologischen Fortschrittsseligkeit jeder und eben auch seiner Zeit[97]; und vergleicht ihn mit ähnlich grandiosen Irrtümern unserer Tage.

So erwarteten Raketenfans von der Spezies auf Frieden umgepolter Golovines noch Anfang der sechziger Jahre von der Raumfahrt allen Ernstes die »unausweichliche technische Überwindung des Krieges«. Für Eugen Sänger beispielsweise, den ehemaligen Vorsitzenden der Deutschen Gesellschaft für Raketentechnik und Raumfahrt,

[96] Friedrich Engels: »Gewaltstheorie. Herrn Eugen Dührings Umwälzung der Wissenschaft«, Ost-Berlin 1959, S. 207.

[97] Vgl. etwa für die Jahre 1908/10 Generalleutnant von Alten: »Der Kraftwagen im Kriege«. In: Im bunten Rock. Leipzig o. J., S. 124–132, sowie im selben Band Oberleutnant Neumann-Friedrichshafen: »Die Entwicklung der Luftschiffe im Jahre 1909/10«, S. 50–62 und den Beitrag über den Entwicklungsgang der Unterseeboote, S. 104–112.

stand es 1962 außer Zweifel, »daß mit der inzwischen von der Atombombe bis zur interplanetarischen Rakete fortgeschrittenen Entwicklung eines derart umfassenden Raumwaffennetzes die klassischen Waffensysteme ... weitgehendst ihren Wert verlieren und daß darüber hinaus mit einem solchen Netz die technische Möglichkeit der Kriegsführung zwischen einzelnen Ländern allmählich völlig verschwindet und diese Waffen sich zu einer Art notwendigem Polizeiapparat entwickeln werden, der nur mehr gegen einzelne nationale Ruhestörer und Friedensbrecher eingesetzt werden kann«.[98]

Kennzeichnend für eine so ahnungslose Vergötzung der Technik ist die Attitüde, daß es nur die Gesellschaft an die künftigen Wandlungen im Bereich der Technik anzupassen gelte – und nicht etwa umgekehrt.[99] Will man aber nicht den Fehler der Technik-Besoffenen mit umgekehrten Vorzeichen wiederholen, ist zu unterstreichen, daß Rüstungswettläufe den Blick auf die sie gebärenden Interessenlagen und Konflikte eher verbergen als freigeben; mit der Mechanik ihrer Spiegel-Effekte[100], mit ihrem ewigen Gleichziehen, beziehungsweise sich nicht Einholen lassen und dem unglückseligen Grundsatz, daß es für jede Waffe auch eine Gegenwaffe gibt. Natürlich hat Frei recht, wenn er vor der monokausalen These warnt, Rüstung (allein) erzeuge immer wieder Spannungen und führe schließlich zum Kriege, oder sei zumindest dafür verantwortlich, daß vorhandene Spannungen verschärft würden.[101] Und natürlich ist sein Hinweis auf das Ver-

[98] Eugen Sänger: »Raumfahrt wohin?« München und Eßlingen 1962, Goldmann Taschenbuchausgabe 1965, S. 11.

[99] Bertrand de Jouvenel: »Jenseits der Leistungsgesellschaft«. Freiburg 1970, S. 275.

[100] Eine Analyse des Spiegel-Effekts im Raketenrüsten zwischen den Vereinigten Staaten und der Sowjetunion bietet: Lawrence T. Caldwell »Soviet Attitudes to SALT«. Adelphi Papers Nr. 75, S. 21–23, London 1971.

[101] Daniel Frei: »Kriegsverhütung und Friedenssicherung«. Frauenfeld und Stuttgart 1970, S. 170.

hältnis von Konflikt und Rüstung nötig.[102] Ebenso sicher ist aber, daß Rüstung nicht nur langfristig keine Sicherheit garantiert, sondern sogar bestehende mühsam ausbalancierte Abschreckungssysteme destabilisiert und mit ihren Irrationalismen eine erhebliche Eigendynamik entwickelt.

Ein klassisches Beispiel einer solchen rüstungspolitischen Vernunftwidrigkeit verdanken wir dem bayerischen Reiteroberst Wenninger, Kommandeur der 6. Bayerischen Kavalleriebrigade, mit seiner Beschreibung der Kavallerien Deutschlands und Frankreichs nach der Jahrhundertwende.[103] Die Kavallerie schien nämlich in jenen Jahren überholt; in den Parlamenten forderte man bereits dic Abschaffung dieser kostspieligen Paradewaffe. Da wurde, »in dieser Zeit der Mißachtung«, wie Wenninger berichtet, eines zur Rettung der veralteten Waffengattung: das gegenseitige Mißtrauen der Großmächte. Denn niemand wollte der erste sein, »der die scheinbar entwertete Waffe aus der Hand legte«. Dieses aber war der Boden für die Reaktion: »Sie setzte ein in Ausbildungswettbewerben der europäischen Kavallerien, besonders jener, die die Staatengeschichte nun einmal zu ›alten Gegnern‹ ernannt hat.«[104] Den Rest besorgten die diversen Lobbies des militärisch-kommerziellen Komplexes:

»Große Konkurrenzen bewiesen den Aufschwung der inländischen Pferdezucht, Dauerritte über ungeahnte Strecken, die gesteigerte Leistungsfähigkeit des Materials. Die Dienstvorschriften suchten nach Formen, die den veränderten Kampfbedingungen entsprachen und stellten der Ausbildung der Reiterei neue kriegsmäßige Ziele auf ... Neue groß angelegte Übungen erweiterten und vertieften das Gebiet der Aufklärung. Hilfswaffen und

[102] Frei: »Kriegsverhütung«, S. 169–171.

[103] Oberst Wenninger: »Die Kavallerie Deutschlands und Frankreichs in den großen Manövern der letzten Jahre«. Im bunten Rock, S. 189–204.

[104] Wenninger: »Die Kavallerie«, S. 189.

technische Nachrichtenmittel ergänzten Wirkung und Leistung der wiedergeborenen Reiterwaffe.«[105]

Für die Absurdität des nicht mehr beherrschten Automatismus in diesem Mini-Rüstungswettlauf zu Kaisers Zeiten spricht, daß Akteure wie Wenninger den militärischen Nonsens der Entwicklung durchaus ahnten, mit ihrem Pferdeverstand der Sache aber nicht auf den Grund gingen. So schreibt Wenninger in seiner Kritik des Manövers Kreuzhof 08 über eine selbst militärisch sinnlose Kavallerie-Attacke: »Kreuzhof 08! Daß es ein Todesritt sein mußte und daß die Lage ihn nicht zwingend erheischte, das wußte niemand besser als unser Führer. Wenn er gleichwohl ›die Pfeife in die Luft warf‹, so geschah es, um seiner wohlgeschulten Division unter den Augen des Kaisers Gelegenheit zum Angriff auf große Ernstfallziele zu geben. Daß die Attacke schön war, gibt auch die Kritik zu; und daß die Schiedsrichter sie unter dem ersten Eindruck als gelungen bezeichneten, macht ihrer Reiterpassion alle Ehre!«[106]

Schöne Angriffe sind mittlerweile passé; die Wenningers mit ihrer Expertenpassion aber zeugen immer neue Waffensysteme – und oft in vollster Unschuld. Als beispielsweise Anfang Mai 1971 die demokratischen Abgeordneten des amerikanischen Kongresses G. McGovern und J. Sieberling forderten, das Entwicklungsprogramm für den strategischen Bomber B 1, das Nachfolgemuster des B 52, einzustellen, weil es technisch überholt sei und den Vereinigten Staaten »wenig zusätzliche Sicherheit« bringe, da bekamen die Bomberstürmer plötzlich Angst vor ihrer eigenen Courage oder Lobby (?) und empfahlen behende, als Ersatz für den noch nicht gekillten B 1 ein Lenkwaffenflugzeug zu bauen; selbstredend im Blick auf den Gegner mit dem Argument, eine solche fliegende Ab-

[105] Ebda. S. 189, 190.
[106] Ebda. S. 198.

schußplattform für Raketen habe bessere Chancen, die sowjetische Luftverteidigung zu überwinden.[107]

Man muß Kurt Becsis Geschichtsphilosophie[108] wie auch seine Interpretation der Johannes-Apokalypse keineswegs teilen und kann ihm dennoch in der These folgen, daß unser apokalyptisches Bewußtsein gefährlich unterentwickelt ist; apokalyptisches Bewußtsein nicht im Sinne »reaktionärer und sektiererischer Spekulation«[109], und nicht allein als Wissen um die drohende Vernichtung der Menschheit, sondern als entschiedenen Willen, die Katastrophe zu verhindern.[110]

Wem dies zu vage und nicht rational genug scheint, der sei auf die Pseudorationalität der Abschreckungsdoktrin, wie sie Philip Green attackiert, und auf die aberwitzige Rationalität zurückverwiesen, die aus den Worten von Kriegs-Realisten spricht, die noch immer der Soldatenweisheit anhängen, Kriege könnten und müßten gewonnen werden.

So definiert General Earle G. Wheeler vor einem Kongreßausschuß im Frühjahr 1968 den Standpunkt der Vereinigten Stabschefs als deren Vorsitzender folgendermaßen: »Sollte die Abschreckung versagen, so besteht unser grundlegendes militärisches Ziel darin, in Übereinstimmung mit unseren Verbündeten die Feindseligkeiten so zu beenden, daß wir relativ im Vorteil (!) sind und der den amerikanischen und alliierten Interessen zugefügte Schaden möglichst gering bleibt.« Ähnlich General Bruce K. Holloway, Befehlshaber des Strategischen Luftkommandos (SAC) und oberster Planer für die nukleare Kriegsführung der Vereinigten Staaten, im März 1971 in einer Sitzung des Bewilligungsausschusses des Repräsentantenhauses über die nukleare Verteidigung Westeuro-

107 United Press International, Nr. 17, Ausland, vom 5. 5. 1971.

108 Kurt Becsi: »Aufmarsch zur Apokalypse. Große Allianz oder Dritter Weltkrieg«. Wien, Hamburg 1971.

109 Ebda. S. 14/15.

110 Ebda. S. 30.

pas: »Ich denke, die Eskalation kann bis zu einem Punkt gehen, an dem wir in Betracht ziehen können, den Konflikt in einer Lage von relativem Vorteil für die Vereinigten Staaten zu beenden, und von dem aus wir erfolgreich verhandeln.«[111] Wie aber sieht Europa zu diesem Zeitpunkt aus, da die Vereinigten Staaten beginnen, »erfolgreich zu verhandeln«?

Und weiter Wheeler zum Selbstverständnis der Stabschefs: »Die Vereinigten Stabschefs befassen sich mit dem, was wir als Phase nach dem Angriff bezeichnen, und sind bemüht, festzulegen, wie wir am besten unsere Kräfte wieder aufstellen und sie einsetzen, um nach dem massiven nuklearen Schlagabtausch, den das Volk verlangt (!), den Krieg fortzuführen.«[112]

Derlei erinnert gespenstisch an jene Flucht in die zweite Realität, wie sie Doderer in den »Dämonen« als Verweigerung der Apperzeption diagnostiziert. Die Weltanschauung als charakteristischer Fall einer zweiten Realität definiert er als »eine zum System erhobene Apperzeptions-Verweigerung«. Wird sie extrem, führt sie zur Selbstvernichtung.[113] Wheeler macht deutlich, daß unser strategisches Denken samt seiner atomaren (Ir)Rationalität mit der Entwicklung der nuklearen Vernichtungswaffen nicht Schritt gehalten hat. Läßt es sich ändern?

Helmut Lindemann schrieb nach dem Erscheinen der Weizsäcker-Studie, auf dieses Buch gebe es keine einfachen Antworten. Man könne nun die Bundeswehr nicht einfach morgen abschaffen; man könne aber auch »nicht weitermachen wie bisher«.[114] Andere Kritiker reagierten

[111] Zitiert nach Herbert von Borch: »Westeuropa in der Nuklearstrategie Amerikas«. Süddeutsche Zeitung vom 11. 8. 71, S. 4.

[112] Zitiert nach Lapp: »Kultur auf Waffen gebaut«, S. 211, 212.

[113] Eric Voegelin: »Die deutsche Universität und die Ordnung der deutschen Gesellschaft«. In: Die deutsche Universität im Dritten Reich. München 1966, S. 241–282, besonders S. 259, 260.

[114] Helmut Lindemann: »Kein Kraut gegen den Krieg«, Abendzeitung München v. 23. 1. 1971, S. 3.

vorsichtiger. Klaus Zellmann begnügte sich damit, aus der Studie ein Bekenntnis Weizsäckers zur Ostpolitik der sozial-liberalen Koalition herauszuinterpretieren.[115] Einer dritten, recht starken, Gruppe schließlich war die Studie ein alter Hut. Zumindest tat sie so. So wurde etwa behauptet, die Kriegsfolgen seien schon längst von militärischen Experten der NATO »sehr viel feiner, mit einem höheren Grad an Exaktheit« berechnet und analysiert worden.[116] Was in der Sache nicht stimmt – denn bisherige damage assessments der NATO für Mitteleuropa und die Bundesrepublik werden von Kennern als erheblich vager als die Weizsäcker-Studie bezeichnet – und überdies die Tendenz verrät, den Krieg doch gefälligst den Militärs zu überlassen. Entsprechend lautet denn die Überschrift eines Meinungsartikels: »Nun ist auch schon der Krieg eine Sache der Professoren«.[117]

Übersehen wurde von diesen Autoren der »eminent demokratische Vorgang« dieser Publikation, den hingegen Paul Noack würdigt.[118] Strategien zählen schließlich immer noch zur Militärpolitik und gehören damit in die öffentliche Diskussion. Übersehen wurde auch die Zielrichtung der Studie, eben ihr Appell an die Öffentlichkeit, der jedoch von entscheidender Bedeutung ist. Denn: »Allein die Einsicht in die Gefährdung des Ganzen könnte Wandel schaffen.«[119] Das Ignorieren dieser Tendenz durch professionelle Vertreter der Öffentlichkeit ist doppelt unverständlich, zumal Weizsäcker in seiner Einleitung deutlich genug auf diesen Punkt hinweist[120]; und zumal wir

[115] Klaus Zellmann: »Weizsäcker steht zur Ostpolitik«, Hamburger Morgenpost v. 14. 1. 1971.

[116] Lothar Ruehl: »Eine Denkschrift wider den Atomtod«, Die Welt v. 14. 1. 1971.

[117] H. G. von Studnitz am 31. 1. 1971 in der Welt am Sonntag.

[118] Paul Noack: »Das Kriegsorakel von Starnberg«, Publik v. 5. 2. 71.

[119] Günter Geschke: »Das labile Gleichgewicht«, Sonntagsblatt v. 24. 1. 1971.

[120] »Kriegsfolgen und Kriegsverhütung«, S. 21.

spätestens seit J. K. Galbraith und seiner Analyse des militärisch-industriellen Komplexes in den Vereinigten Staaten wissen, wie schnell für den militärischen Bereich ausgesparte Arkan-Räume zur Perversion des demokratischen Systems beitragen.[121] Das Problem heißt ja nach Galbraith »nicht Verschwörung und Korruption, sondern unkontrollierte Herrschaft und Macht«. Es mag tröstlich sein, daß in den Vereinigten Staaten inzwischen der Widerstand gegen diese Fehlentwicklung wächst[122], aber schließlich brauchen wir denselben Prozeß nicht ebenso zu importieren, wie eine Sicherheitsstrategie, die in ihrer Strukturschwäche zwar den sowjetisch-amerikanischen, nicht aber den europäischen Interessen entspricht.

Die »Kriegsfolgen und Kriegsverhütungs«-Studie stellt mehr Fragen als sie beantworten kann und wird auch schon aus diesem Grund manchem unheimlich sein. Sie ist ein zweifelndes und theoretisierendes Buch mit beunruhigenden Ausblicken. Damit wird die Studie aber, wenn schon nicht zum Gegenpol, so doch zu einer längst überfälligen Ergänzung des Verteidigungsweißbuches der Regierung, das seinerseits als konkretes aktuelles politisches Programm für die Gegenwart auch die strategische Zukunft nicht aus den Augen verlieren darf.

Als bei der Vorlage des Weißbuches im Mai 1970 kritisiert wurde, dies sei ein Buch ohne Zukunft, weil ohne große Perspektiven, konterte Helmut Schmidt vor dem Bundestag, Sicherheitspolitik müsse ideologie-feindlich sein. Mag sein – wird solche Politik aber theoriefeindlich, verengt sie sich und leugnet denkbare Möglichkeiten, dann wird sie selbst zur Sicherheitsideologie. Wo aber liegen denkbare Möglichkeiten einer Verteidigungspolitik der Bundesrepublik? Es wäre zu prüfen, wieweit die Kon-

121 Vgl. John Kenneth Galbraith: »Wie man Generale bändigt«, Hamburg 1970.

122 Siehe Richard J. Barnet: »Der amerikanische Rüstungswahn«, Reinbek 1971, rororo-aktuell, S. 114–127.

sequenzen A und B des Weizsäcker-Teams (siehe S. 47–74) richtig sind; ob sich also der außenpolitische Spielraum der Bundesrepublik durch rüstungspolitische Entscheidungen und eine intensivere Friedenspolitik erweitern läßt. Vor Spekulationen auf Übergangsstrategien konventioneller oder halbkonventioneller Art sei gewarnt, obwohl Jägerkonzept[123] wie Flächenwaffen[124] dazu herausfordern und F. O. Miksche einen ersten Schritt in dieser Richtung bereits getan hat.[125]

Grundsätzlich dürfte freilich gelten, daß das Problem der Kriegsverhütung nicht »von der Waffentechnik her« zu lösen ist.[126] Selbst nicht im Stadium der Übergangsstrategie. Mit dem Blick auf politische »Alternativen zu Eskalation und Krieg«[127] ist grundsätzlich zu fragen, warum Strategien der De-Eskalation[128] nie so populär wurden wie H. Kahns 44-sprossige Eskalationsleiter.

Hoffnungsvoll bleibt, daß sich Deutschs Formel von einer kombinierten »Strategie des inneren und äußeren Wandels«[129] auch mit Gedanken von Politikern in der Bundesrepublik berührt.[130]

Gerade Wienands konkrete und nötige Utopie einer »Sicherheitspolitik auf der Basis gegenseitigen Vorteils« macht deutlich, wie revisionsbedürftig nicht nur unser Strategiegebäude, sondern auch sein theoretischer Überbau sind. An die Stelle des herkömmlichen Feindbildes,

123 Vgl. Franz Uhle-Wettler: »Leichte Infanterie im Atomzeitalter«. Darmstadt 1966: zum neuesten Stand des Konzeptes siehe F. Uhle-Wettler: »Die Jägertruppe«. In: Jahrbuch des Heeres 3. Darmstadt 1971, S. 29 ff.

124 Siehe Der Spiegel Nr. 33/1970.

125 In: Wehr und Wirtschaft, Heft 7/8 71.

126 Vgl. These I, S. 17.

127 Vgl. K. W. Deutsch: Analyse, S. 214 ff.

128 K. W. Deutsch: Analyse, S. 214.

129 K. W. Deutsch: Analyse, S. 222, 223.

130 Vgl. das Referat des Parlamentarischen Geschäftsführers und Wehrexperten der SPD auf der Wehrpolitischen Informationstagung seiner Partei in Nürnberg vom 6. 11. 71: »Sicherheitspolitik auf der Basis gegenseitigen Vorteils«.

so fordert Wienand, müsse deutlicher als bisher das Kriegsbild treten, um den Soldaten beider Bündnisse bewußt zu machen, was sie durch Krieg zu verlieren hätten. Daneben sei das traditionelle Vorteildenken zu revidieren. Man müsse erkennen, daß es weder sicherheitspolitisch von Vorteil sei, militärische Überlegenheit anzustreben, weil dies nur zum Gleichziehen anreize, noch die innere Konsolidierung der anderen Seite zu hemmen, weil dies unbesonnenes Handeln provozieren könne. Die Tatsache, daß die Gegenseite über unsere Sicherheit entscheide, müsse dazu führen, daß wir aus Sicherheitsgründen an deren Stabilität und deren subjektivem Sicherheitsempfinden interessiert sind: »Die innere Stabilität des Anderen als eigenen Vorteil zu empfinden, erfordert nicht wenig politisches Umdenken!«[131]

P.S.: Die Vereinigten Staaten und die Sowjetunion sind nach Ansicht der schwedischen Forschungsanstalt für Verteidigung trotz ihrer Gespräche über eine Begrenzung des Raketenrüstens dabei, eine neue Periode des Wettrüstens mit sogenannten sauberen Kernwaffen einzuleiten.[132] – Vergleiche »Drei negative Utopien« dieses Buches, S. 75–79.

[131] Karl Wienand: »Sicherheitspolitik auf der Basis des gegenseitigen Vorteils«. Manuskript des Referates vom 6. 11. 71 in Nürnberg. S. 36, 37. Eine Weiterentwicklung seiner Idee, durch größere wirtschaftliche Interdependenz zwischen den Militärblökken »positive« Sicherheit zu erreichen, trug Wienand auf der IX. Internationalen Wehrkundebegegnung Anfang Februar dieses Jahres in München vor.

[132] SZ vom 19. 12. 71.

50 Elias Canetti: *Alle vergeudete Verehrung.* Aufzeichnungen 1949–1960.
51 George Günther Eckstein: *USA: Die neue Linke am Ende?*
52 Anfrid Astel: *Kläranlage.* 100 neue Epigramme.
53 Lars Gustafsson: *Utopien.* Essays.
54 *Weltbilder.* 49 Beschreibungen. Hrsg. von G. F. Jonke und Leo Navratil.
55 Lenin: *Über historischen Materialismus.* Hrsg. von Alfred Schmidt.
56 Michael Pehlke/Norbert Lingfeld: *Roboter und Gartenlaube.* Ideologie und Unterhaltung in der Science-Fiction-Literatur.
57 Klaus Wallraven/Eckart Dietrich: *Politische Pädagogik.* Aus dem Vokabular der Anpassung.
58 Eldridge Cleaver/Lee Lockwood: *Gespräche in Algier.*
59 Hermann Schürrer: *Europa: Die Toten haben nichts zu lachen.*
60 Paul Lüth: *Ansichten einer künftigen Medizin.*
61 Wolf Lepenies/Helmut Nolte: *Kritik der Anthropologie.*
62 Witold Wirpsza: *Der Mörder.* Erzählungen.
63 *Verwaltete Musik.* Hrsg. von Ulrich Dibelius.
64 *Die Unterhaltung der deutschen Fernsehfamilie.* Hrsg. von Friedrich Knilli.
65 Alain Labrousse: *Die Tupamaros.* Stadtguerrilla in Uruguay.
66 *Die Tabus der bundesdeutschen Presse.* Hrsg. von Eckart Spoo.
67 Michael Hatry: *Aus lauter Liebe.* Geschichten.
68 *a + b leuchten im Klee.* Psychopathologische Texte. Hrsg. von Leo Navratil.
70 *Das Rechtskartell.* Reaktion in der Bundesrepublik. Hrsg. von Harald Jung und Eckart Spoo.
71 Dylan Thomas: *Abenteuer in Sachen Haut.* Erzählungen.
72 Wolf Wondratschek: *Paul oder die Zerstörung eines Hörbeispiels.* Hörspiele.
73 Richard Brautigan: *Forellenfischen in Amerika.* Roman.
74 Klaus Völker: *Brecht-Chronik.* Daten zu Leben und Werk.
75 Helmut Ostermeyer: *Strafunrecht.*
76 Christopher Caudwell: *Bürgerliche Illusion und Wirklichkeit.* Studien zu einer materialistischen Ästhetik. Hrsg. von Peter Hamm.
77 Uwe Brandner: *Mutanten Milieu.* Bericht aus dem Land Asphalt und Alphabet.
78 Ulrike Prokop: *Soziologie der Olympischen Spiele.* Sport und Kapitalismus.
79 Afheldt/Potyka/Sonntag/Weizsäcker: *Durch Kriegsverhütung zum Krieg?*
80 Wolf Lepenies: *Soziologische Anthropologie.* Materialien.
81 Peter Klein: *Francos zweite Inquisition.* Spanien zwischen Folter und EWG.
82 Pierre Hoffmann/Nikitas Patellis: *Demokratie als Nebenprodukt.* Versuch einer öffentlichen Planung.
83 Jean-Luc Godard: *Godard/Kritiker.* Gesammelte Kritiken und Aufsätze über Film (1950–1970).
84 Alfred Schmidt: *Geschichte und Struktur.* Fragen einer marxistischen Historik.
85 Gary Snyder: *Maya.* Gedichte.
86 Jorge Luis Borges: *David Brodies Bericht.* Erzählungen.
87 Boris Arvatov: *Kunst und Produktion.* Entwurf einer proletarisch-avantgardistischen Ästhetik (1921–1930). Hrsg. von Hans Günther und Karla Hielscher.

88 Miladin Zivotić: *Proletarischer Humanismus*. Studien über Mensch, Wert und Freiheit.
89 *Das Böse*. Dokumente und Interpretationen. Hrsg. von Gerhard Zacharias.
90 Marquis de Sade: *Der Greis in Charenton*. Letzte Aufzeichnungen und Kalkulationen.
91 Vladimir Kazakov: *Meine Begegnungen mit Vladimir Kazakov*. Prosa.
92 Alfred Jarry: *Der Alte vom Berge*. Gedichte, Dramen, Prosa. Hrsg. von Klaus Völker.
93 Joachim Steffen u. a.: *Fetisch Eigentum*. Wie privat sind Grund und Boden?
94 H. H. Henschen / R. Wetter: *Anti-Olympia*. Ein Beitrag zur mutwilligen Diffamierung und Destruktion der Olympischen Spiele und anderer Narreteien.
95 Horst Bienek: *Solschenizyn und andere*. Essays.
96 *Plädoyers für eine Europäische Sicherheitskonferenz*. Hrsg. von Walter Fabian.

Reihe Hanser 79

Afheldt / Potyka / Reich / Sonntag / v. Weizsäcker
Durch Kriegsverhütung zum Krieg?

Die aktuellen Mittel der Kriegsverhütung begünstigen auf die Dauer eher einen Krieg, als daß sie ihn verhindern könnten. »Durch Kriegsverhütung zum Krieg« ist demnach kein makabrer Gag, sondern in letzter Konsequenz die Hauptthese der von Carl Friedrich Weizsäcker herausgegebenen Studie über »Kriegsfolgen und Kriegsverhütung« (Carl Hanser Verlag, München, 3. Aufl. 1971). In ihr wurde nachgewiesen, daß unser Vertrauen in die herrschende Militärstrategie und das darauf basierende Dogma vom Gleichgewicht der militärischen Abschreckungssysteme unter den gegebenen politischen Verhältnissen selbstmörderisch werden kann.

Denn jenes Gleichgewicht destabilisiert sich durch den Rüstungswettlauf und seine Errungenschaften (wie ABM oder MIRV) permanent selbst. Krieg in Mitteleuropa wäre freilich die reine Zerstörung. Wer aber nicht bei einer düsteren Bilanz der Kriegsfolgen stehenbleiben will, muß sich Gedanken über »Alternativen« zur heutigen Kriegsverhütung machen, muß gegen die Arroganz der Arms-Control-Schule aufmucken; gegen alle, die den Frieden durch Rüstung erhalten wollen.

Im ersten Teil dieses Bandes, einer Gemeinschaftsarbeit, formulieren Horst Afheldt, Utz-Peter Reich, Philipp Sonntag und Carl Friedrich von Weizsäcker die technischen Ergebnisse der großen Kriegsfolgen-Studie und die politischen Folgerungen, die sich daraus ergeben. Sie sind in einem Katalog aus sieben Thesen und zwei Konsequenzen zusammengefaßt (s. Rückseite des Bandes). Im zweiten Teil analysiert Christian Potyka Entwicklung und Stand der internationalen Strategiediskussion vor dem Hintergrund der Schlüsse, zu denen die Autoren des ersten Teils gekommen sind.

Horst Afheldt, Utz-Peter Reich, Philipp Sonntag und Carl Friedrich von Weizsäcker sind Mitglieder des Max Planck-Instituts in Starnberg. Christian Potyka ist Redakteur der Süddeutschen Zeitung, München.